AUDIENCE DEVELOPMENT

Klaus Siebenhaar (Hrsg.)

AUDIENCE DEVELOPMENT

ODER

DIE KUNST, NEUES PUBLIKUM ZU GEWINNEN

SIEBENHAAR VERLAG

In memoriam Dr. Günter Braun

1. Auflage 2009

© B&S SIEBENHAAR VERLAG, Berlin
Alle Rechte vorbehalten

Layout und Satz: B&S Siebenhaar Verlag
Umschlaggestaltung: VISULABOR® Büro für Gestaltung
Umschlagmotiv: Pinakothek der Moderne / Haydar Koyupinar, BSt 65
Bildnachweis: Freie Universität Berlin, Zentrum für Audience Development (ZAD)
Druck und Bindung: Digital-Druck-Zentrum GmbH, Berlin

Alle Rechte vorbehalten, insbesondere das Recht der mechanischen, elektronischen oder fotografischen Vervielfältigung, des auszugsweisen Abdrucks sowie der Einspeicherung in elektronische Systeme.

Printed in Germany

ISBN 978-3-936962-73-4

www.siebenhaar-verlag.de

ClimatePartner O
**klimaneutral
gedruckt**

Zertifikatsnummer:
112-53176-0110-1015
www.climatepartner.com

INHALT

7   VORWORT

11   KLAUS SIEBENHAAR
        Audience Development oder eine Liebesbeziehung fürs Leben

19   BIRGIT MANDEL
        Audience Development –
        Zwischen Marketing und kultureller Bildung

37   DONNA WALKER-KUHNE
        Audience Development in the United States

49   ULRIKE GIESSNER-BOGNER
        Audience Development, Kulturvermittlung und Keywork.
        Aktuelle Entwicklungen in Österreich

57   BARBARA MEYER
        Eine kurze Reflexion über die Notwendigkeit,
        künftig Kunstvermittlung in konsequente
        Verhandlungszusammenhänge zu transferieren

67   THOMAS SCHMIDT-OTT
        Den Hintern mit Subventionen vergolden ...
        Audience Development als Kulturmanagementdisziplin
        im Orchester

93   HEIKE STUCKERT
        Zwischen Pädagogik und Marketing –
        Die Kinder-Website der Bayerischen Staatsoper

97   VERA ALLMANRITTER, ACHIM MÜLLER
        Am Puls des Geschehens: Besuchermonitoring
        als Instrument strategischen Kulturmarketings

115   EIJA LIUKKONEN
        Audience Research and Visitor Studies
        at the Finnish National Gallery

131 INGA FRIEDRICHS
... ohne Publikum ist alles nichts. Herausforderungen für ein zeitgemäßes Audience Development

137 BEST PRACTICE BEISPIELE DES AUDIENCE DEVELOPMENT – die Teilnehmer der Konferenzmesse

> brunnen.passage
>
> Jüdisches Museum Berlin – „on.tour"
>
> Jugend im Museum e.V. – „Atelier Bunter Jakob"
>
> Rundfunk Orchester und Chöre GmbH Berlin und Konservatorium für Türkische Musik
>
> Die Kinderoper Köln in der Yakult Halle
>
> Kulturamt Landeshauptstadt Düsseldorf und Vodafone Stiftung Deutschland
>
> Pinakothek der Moderne – PINK
>
> JugendKunst- und Kulturzentrum Schlesische 27
>
> Staatstheater am Gärtnerplatz München
>
> Theater an der Parkaue – Kinder- und Jugendtheater des Landes Berlin

143 ZU DEN AUTOREN

Vorwort

Vier Dinge entscheiden über die Zukunft des öffentlichen wie privaten Kulturbetriebs: Legitimation, Akzeptanz, Ressourcensicherung und Qualität. Jeder dieser vier zentralen Aspekte ist mit dem anderen untrennbar verbunden. Das bedeutet auch, dass sich neben der künstlerischen die manageriale Kompetenz als zweiter entscheidender Faktor etabliert hat. Öffentlich geförderte Kultureinrichtungen haben ihren gesellschaftlichen Mehrwert, ihren *Public Value*, heute mehr denn je unter Beweis zu stellen, indem sie ihren kulturellen Auftrag gegenüber möglichst Vielen aus möglichst unterschiedlichen sozialen Milieus auf hohem künstlerischen und kulturvermittelnden Niveau erfüllen. Dazu müssen sie die institutionellen Voraussetzungen schaffen, von der künstlerischen Spitze bis zur bodenständigen Servicestation beim Einlass oder an der Kasse. Sie sind gehalten, innerhalb ihres Finanzbudgets und Personaltableaus die Ressourcen einer besucherorientierten Auftragserfüllung bereitzustellen. Gleichberechtigt rücken also neben die ästhetisch-künstlerische Deutungsmacht von Theatern, Museen oder Konzerthäusern die Ernsthaftigkeit und Professionalität ihrer Vermittlungsleistungen. Das erwartet, darauf baut heute die geldgebende Öffentlichkeit.

Erst unmerklich, dann umso nachhaltiger erscheint das in der Kulturpolitik seit Anfang der neunziger Jahre alles dominierende Ökonomiemotiv zunehmend vom Primat der kulturellen Bildung und damit der Fokussierung auf die Publikumsentwicklung und Besucherorientierung der Institutionen des kulturellen Gedächtnisses überlagert. Das Publikum, der Benutzer erfährt damit eine Aufwertung, ja, rückt ins Zentrum politischer, gesellschaftlicher und bildender Aufmerksamkeit. Bildung als zukunftsichernder Rohstoff und Kultur als unverzichtbarer individueller Sozialisationsfaktor suchen und finden ihren Erfüllungsort in den klassischen Kultureinrichtungen und -instanzen von Klangkörpern bis zu Museen, von multidisziplinären Kulturzentren über Gedenkstätten bis zur Oper. Im Unterschied zu den siebziger Jahren mit ihrem Schlachtruf „Kultur für alle!" stellt sich zu Beginn des 21. Jahrhunderts die Situation sowohl komplexer als auch ideologiefreier dar: Die durchgreifende Multi-Medialisierung haben Nutzungsverhalten,

Kommunikationspräferenzen und Kulturverständnis nachhaltig verändert; die im Szenario der *Erlebnisgesellschaft* geltende Erlebnisrationalität und Multioptionalität haben Einstellungen, Erwartungen, Ansprache und Rezeption neu bestimmt. Und schließlich erfordern sozio-demographische Entwicklungen, Migration, Individualisierung und Ästhetisierung der Lebenswelt verstärkte und verfeinerte Angebotsstrategien und Vermittlungsbemühungen. Soziokulturelle Wünschbarkeitsparolen und weltanschauliche Beschwörungsformeln mit dem Pädagogikhammer sind durch pragmatisch-nüchterne, auf Nachhaltigkeit zielende Konzepte und differenzierte professionelle Engagements mit Blickrichtung Besucherforschung, Besucherorientierung, -werbung und -bindung als kulturelle, soziale, erzieherische und damit gesellschaftliche Aufgabe ersetzt.

Im Rahmen unserer Konferenz von 2008 wie auch dieser für die Buchfassung erweiterten Publikation waren und sind die Dimensionen wie die schöne Herausforderung des Audience Development zu ermessen und zu studieren – im großen Ganzen und im Detail. Der Leser erfährt, dass Audience Development ein ganzheitliches, das heißt die gesamte Institution, ihre Aufbau- und Ablauforganisation erfassendes und durchdringendes Konzept bedeutet. Audience Development fordert den ganzen Willen, das ganze Wissen, die ganze Phantasie und Durchsetzungskraft einer Kultureinrichtung – auf der normativen, strategischen und operativen Ebene aller Planungs-, Produktions- und Steuerungsprozesse. Audience Development lebt auch von der Bereitschaft und Klugheit, punktuell, projekt- oder bereichsbezogene strategische Allianzen und Kooperationen mit Externen einzugehen – sei es im Teilsegment kulturelle Bildung, im Marketing, im Service oder in der Kommunikation. So waren auf unserer Konferenzmesse vorbildlich Besucher-entwicklung praktizierende Kultureinrichtungen vertreten, beratende Experten, forschende Wissenschaftler und eben auch freie Kunst- und Kulturvermittler an den sozialen Brennpunkten Berlins und Wiens, von denen und mit denen traditionelle Kulturinstitute eine Menge lernen können. Je nach individuellem Temperament und persönlicher Neigung konnten sich die Tagungsteilnehmer Audience Development entweder ganz poetisch in den Phasen und Stufungen einer Liebesbeziehung von der leidenschaftlichen Suche über das Werben und Buhlen bis zur erfüllten und ewigen Verbundenheit vorstellen, oder ganz pragmatisch als kleines ABC in der dreistufigen Schrittfolge Mission/Auftrag – Transaktion/Austauschbeziehungen – Entwicklung/Kultivierung; die theoretisch Ambitionierten begründen Audience Development über das Customer-Relationship-Managementparadigma (CRM), das den Traum vom komplett kundenorientierten Unternehmen propagiert. Jeder darf bei der Veranschaulichung und praktischen Ausgestaltung von Audience Development nach seiner Façon selig werden. Verbindlich für alle ist nur die Haltung, die Einstellung und der Anspruch, sich dem Publikum bzw. seinen Publika emotionalisierend, aufklärend, unterhaltend, identifizierend, ernstnehmend wie spielerisch verführend, werbend und bindend, das heißt: auf hohem Niveau mit konzertiertem Einsatz aller Mittel zuzuwenden. Es braucht intelligente Organisationen, denen vernetztes Denken und Handeln, eine abteilungsübergreifende strategisch-operative Praxis, selbstverständlich ist.

„This is a process of non-stop-development and cultivation", sagen unsere amerikanischen Kollegen. Das ist wahr und deshalb auch ein Leitspruch unseres im Mai 2007 gegründeten Zentrums für Audience Development (ZAD), das transdisziplinär forschend und partnerschaftlich anwendend das Publikum, den Besucher, die Freunde und Förderer der Kultur, die Noch-nicht oder Nicht-mehr-Nutzer zum Forschungsobjekt auserkoren hat. Das wollen wir gern mit festem Schulterschluss mit Praktikern, das heißt Künstlern, Kulturpädagogen, Kuratoren, Dramaturgen, Marketing- und Kommunikationsexperten in Angriff nehmen – national wie international. Ich danke deshalb unseren Unterstützern, allen voran der Kulturprojekte Berlin GmbH, unseren bewährten Medienpartnern kulturmanagement.net, unseren Eröffnungsgastgebern, dem Theater an der Parkaue, und natürlich unserem engagierten Projektteam um Inga Friedrichs mit den Studierenden des Instituts für Kultur- und Medienmanagement.

Das ZAD am Institut für Kultur- und Medienmanagement der Freien Universität Berlin verdankt seine Existenz einem Kreis privater und privatwirtschaftlicher Förderer, allen voran dem Ehepaar Waldtraut und Dr. Günter Braun, personifizierter Inbegriff diskreten und nachhaltigen Mäzenatentums. Am 2. April 2009 ist Günter Braun gestorben, ihm ist dieser Band in großer Dankbarkeit gewidmet.

Berlin, im April 2009   Klaus Siebenhaar

„Es ist nicht wahr, was man gewöhnlich behaupten hört, dass das Publikum die Kunst herabzieht; der Künstler zieht das Publikum herab, und zu allen Zeiten, wo die Kunst verfiel, ist sie durch die Künstler gefallen. Das Publikum braucht nichts als Empfänglichkeit, und diese besitzt es. Es tritt vor den Vorhang mit einem unbestimmten Verlangen, mit einem vielseitigen Vermögen. Zu dem Höchsten bringt es eine Fähigkeit mit; es erfreut sich an dem Verständigen und Rechten, und wenn es damit angefangen hat sich mit dem Schlechten zu begnügen, so wird es zuverlässig damit aufhören das Vortreffliche zu fordern, wenn man es ihm erst gegeben hat."

Friedrich Schiller
(1759-1805)

KLAUS SIEBENHAAR

Audience Development oder eine Liebesbeziehung fürs Leben

Alter schützt vor Kultur nicht. Davon kann sich jeder in den Institutionen des kulturellen Gedächtnisses überzeugen. Allein, bis vor nicht wenigen Jahren wurde dieser sicht- und messbare Tatbestand von Kulturverantwortlichen eher schamhaft oder zynisch zur Kenntnis genommen. Begriffe wie „Silberwald" oder „Silberpappeln" im Zuschauerraum galten noch als zärtliche Umschreibung eines Phänomens, das eher als naturgegebene Last denn als stimulierende Herausforderung verstanden wurde. In der demographisch bestimmten Wahrnehmung von Kulturpublika dominierte ähnlich wie in der Werbung ein bis ins Irrationale gesteigerter Jugendwahn: junge Zielgruppen gelten als Erfolgsindikator und sexy, altes Publikum repräsentiert ein bestenfalls notwendiges Übel, und die in der Mitte machen Karriere und sind deshalb unerreichbar. So sahen das nicht wenige Intendanten und Direktoren.

Dabei sind selbst ohne methodisch ausgeklügelte Benutzerforschung zwei Befunde heutzutage nicht zu leugnen: Der öffentliche Kulturbetrieb lebt erstens auch und gerade in Zukunft von den Generationen *55plus*, sie bleiben – quantitativ wie qualitativ – die verlässlichsten Trägerschichten klassischer Kultureinrichtungen. Und zweitens haben öffentlich geförderte Kulturinstitutionen ihren gesellschaftlichen Mehrwert über proaktive Maßnahmen der Besucherorientierung, -gewinnung und -bindung generationsübergreifend zu legitimieren. Die Zeiten haben sich geändert. Audience Development als integraler Bestandteil der Aufbau- und Ablauforganisation sowie Kernaufgabe aller Kultureinrichtungen hat dank PISA, Migrationsdiskussion, demographischer Entwicklung und Neubesinnung auf musisch-ästhetische Erziehung zu einem Paradigmenwechsel in der deutschen Kulturpolitik geführt – und zwar auf kommunaler, Länder- und Bundesebene.

Gesamtgesellschaftliche und kultur- wie medienpolitische Debatten um Public Value, kulturelle Bildung als elementare Zukunftsverpflichtung und „Rohstoff" oder die Frage nach präziser Definition des sogenannten Funktionsauftrags öffentlicher Medienanstalten und Kulturinstitutionen veranschaulichen die Dimension dieses neuen, transdisziplinären Diskurses. Der Anspruch von außen ist gewachsen, nicht mehr in Form einer finanziellen Drohkulisse, sondern als selbstverständliche gesellschaftliche Auftragszuweisung.

Vor diesem Hintergrund ist ein radikales Umdenken gefordert: Für Kultureinrichtungen heißt das, von der bevorzugten Angebots- zur differenzierten Nachfragepolitik umzuschwenken. Das Publikum als vorhandenes, potentielles und als Nicht-Nutzer rückt in den Fokus der planerisch-konzeptionellen, vermittlungsstrategischen und servicebezogenen Arbeit. Was in den letzten zehn Jahren noch abwertend als „Verzifferung", „Quotendruck" oder allgemein als „Ökonomisierung" des öffentlichen Kultur- und Medienbetriebs beklagt wurde, erscheint nun – nicht zuletzt durch sozialen, gesellschaftlichen und politischen Druck – als Legitimationsgrundlage und zukunftssichernde Aufgabenstellung kulturell-künstlerischer Arbeit allgemein akzeptiert. Eine eng damit verbundene soziale Herausforderung stellt die neue Philosophie der Lebensalter dar: In dem Maße, wie medial bedingt traditionelle Jugendkulturen verschwinden, setzt eine Neu- und Umwertung des Alters ein. Die von der Werbeindustrie kanonisierte Fixierung auf Zielgruppen zwischen 14 und 49 ist längst obsolet. Die alternden westlichen Gesellschaften können mit überkommenen Clustern und Einstellungsmustern weder die reale psychomentale (= gefühlte) Disposition noch die Verhaltensweisen der Generationen jenseits der 50 widerspiegeln oder gar produktiv erfassen. Modeworte wie „Best Ager" kennzeichnen den positiven Wahrnehmungs- und Stimmungswechsel. Darüber hinaus sind „jung" und „alt" keine sich antagonistisch mehr gegenüberstehende Kategorien, sondern sich wechselseitig durchdringende Lebenshaltungen, sozusagen demographische Cross-over-Phänomene.

Der dritte wesentliche Faktor ist eine gleichsam überfällige neue strategische Allianz zwischen Bildung und Kultur, die sich nicht mehr in tradierten kulturpädagogischen Konzepten erschöpft, sondern transdisziplinär nach innovativen, d.h. auch zeitgemäßen Methoden und Modellen für eine plurale, multioptionale Medien- und Erlebnisgesellschaft strebt. Das zusammengenommen ist der fruchtbare Nährboden für Audience Development. Dieser grundsätzliche Vermittlungsauftrag in allen denkbaren kreativen

Spielarten erfüllt sich an den Schnittstellen von Kulturmanagement, Beziehungsmarketing und ästhetischer Erziehung (= Education). Unverzichtbar dafür ist die Ausrichtung der gesamten Kulturinstitution auf diese Mission – in der Programmpolitik, im Service, in den didaktischen Leistungen, in Ansprache und Kommunikation, und zwar auf die unterschiedlichen Bedürfnislagen und Erwartungshaltungen individualisiert abgestuft.

Audience Development ist auf Kultureinrichtungen bezogen also ein besucherorientiertes Managementkonzept im umfassenden, integralen Sinne, das die normativen, strategischen und operativen Elemente des Managementprozesses impliziert. Vermeintliche deutsche Ersatz-Begriffe wie Kulturvermittlung, Benutzerbindung, Publikumsorientierung, kulturelle Bildung sind in Audience Development als Elemente enthalten, greifen aber in Aufgabenstellung, Implementierungsgehalt und operativer Praxis zu kurz.

Der aus der angloamerikanischen Forschungs- und Kulturpraxis stammende Begriff des Audience Development bietet sich vielmehr an „as an umbrella term to encompass all aspects of promotion, publicity, marketing, public relations, communications and educational programs". Audience Development ist eine institutionelle Querschnittsaufgabe – „including not only programmatic but also marketing, organizational development and institutional strategies".[1] Damit ist auch klar, dass keine einzelne Abteilung allein verantwortlich ist, sondern dass es konzertierter, gebündelter Maßnahmen vieler Beteiligter bedarf.

Die Ziele eines umfassend definierten Audience Development liegen also gleichermaßen im Künstlerischen, Managerialen, Wirtschaftlichen und Sozialen begründet. Am Ende geht es um Partizipation möglichst vieler, denn auch „the objective of audience development is to create a love affair between people and art that will have a lifelong impact on the minds and spirits of those who partake [...]. Audience Development is the long-term process of encouraging and assisting an audience member to become increasingly more involved in the life of an arts institution. The goal is to build a loyal and committed audience with an appetite for adventure."[2] Das setzt eine lernende, flexible kulturelle Organisation voraus, die bereit und befähigt ist, letztlich alles, was sie denkt, plant, umsetzt aus der Perspektive des Nutzers zu sehen. Soweit zur Theorie. Blicken wir über die Grenzen, dann sind wir praktisch schnell in Skandinavien, aber vor allem in Großbritannien und in den USA angelangt. Die Audience-Development-Praxis im angloamerikanischen Raum gründet für die USA und Großbritannien auf zwei höchst unterschiedlichen Ausgangssituationen: In Amerika ist Audience Development für alle Kultureinrichtungen aufgrund der bescheidenen öffentlichen Subventionierung eine existentielle Notwendigkeit, von daher sind Nachfrageorientierung und benutzerbezogene Maßnahmen sui generis integraler Bestandteil aller organisationalen Prozesse.

In Großbritannien ist über den „Arts Council" mit seinen neun regionalen Dependancen Audience Development eine zentrale Verpflichtung staatlicher Kulturpolitik. Die gesamte Zuwendungspraxis ist im Sinne von „public value" an offensive Bemühungen der Kultureinrichtungen um neu zu gewinnende Publika geknüpft. Dies muss dokumentiert werden, dies wird evaluiert, und die Kriterien sind verbindlich festgelegt:

- Den Zugang für alle zu einem erfüllten und variationsreichen kulturellen Leben zu erweitern;
- das Bildungspotential der nationalen kulturellen Ressourcen zu entwickeln;
- die Standards kultureller Bildung und kultureller Vermittlung zu erhöhen;
- sicherzustellen, dass jeder die Möglichkeit hat, im Kulturbereich Talente zu entwickeln;
- die Rolle von Kunst und Kultur im Kampf gegen soziale Ungleichheit und Ausschluss zu stärken.[3]

Als Erfolgsparameter für die eigene Arbeit benennt der Arts Council u.a.:

- Mehr Menschen, die sagen, dass Kunst eine wichtige Rolle in ihrem Leben spielt.
- Mehr Menschen aus ethnischen und kulturellen Minderheiten, die an den Künsten partizipieren.
- Die Mehrheit der Schulkinder soll direkten Kontakt zu professionellen Künstlern entwickelt haben.[4]

Ziele des New Audience Programms sind:

• Die Barrieren erkennen und ausräumen, die Menschen davon abhalten, sich mit Kunst zu beschäftigen.
• Ein Publikum entwickeln, das repräsentativer für die Gesellschaft als Ganzes ist.
• Erfolgreiche und nicht erfolgreiche Versuche von Kultureinrichtungen, neues Publikum zu erreichen, zu evaluieren und zu dokumentieren.[5]

Zwei Schlüsselbegriffe des britischen Modells sind in unserem Kontext noch einmal hervorzuheben:

• der „Community"-Gedanke
• das „Keyworker"-Konzept

Die Definition und Identifikation von möglichen Interessensgemeinschaften und ihre zielgruppengerechte Ansprache und Einbindung ist die Kernaufgabe aller Audience Development-Programme von Kultureinrichtungen. Methodisch bedeutet dies systematische Feldforschung und den Aufbau eines Scout-Systems mit dem Einsatz von milieu- und altersaffinen „Außendienstmitarbeitern", sowie unterstützenden kreativen Kommunikationsstrategien.

Ins Marketing-Deutsch übersetzt sind Communities nach geographischen, ethnischen, milieuspezifischen oder demographischen Gesichtspunkten ermittelte Zielgruppencluster, die von Moderatoren und Promotern für die Kultureinrichtung akquiriert und gebunden werden. Dies setzt eine organisationale Infrastruktur seitens der Institution voraus sowie ein Mindestmaß an Ressourceneinsatz. Das Community-Konzept ist darüber hinaus in Zeiten von „Web 2.0" auf internetbasierte Modelle auszuweiten und zu übertragen. Denn diese „Social communities" sind kommunikativ wie erlebnisstiftend und damit gemeinschaftsbildend geradezu ideal nutzbar für Audience Development-Strategien. Hier liegt ein noch weitestgehend unausgeschöpftes Potential für Kultureinrichtungen!

Versuchen wir abschließend eine Art Zwischenbilanz mit Ausblick: Der Zeitgeist arbeitet mit wachsender Dynamik in Richtung Audience Development. Initiativen mit unterschiedlicher Etikettierung gibt es in Deutschland in kaum noch überschaubarer Zahl. Die Politik ist mit Geld und guten Worten auf diesen Zug aufgesprungen: Kultur und Bildung im Zusammenspiel und mit Blick auf den demographischen Wandel, Integrationspolitik, Wertediskussion und Public Value werden bereits jetzt und erst recht in naher Zukunft von einer unwiderstehlichen Aufbruchstimmung in alle politischen und gesellschaftlichen Lager getragen. Die Gelder beginnen zu fließen, staatlich wie privatwirtschaftlich und privat. Günstig und der Sache förderlich sind darüber hinaus die breiten, intensiven Diskussionen um „Corporate Social Responsibility" im Bereich wirtschaftender Unternehmen. Das neue Ideal vom Unternehmen als „gutem, verantwortungsbewussten Bürger" stimuliert die Bereitschaft, philantropisch und auch marketingorientiert (= Sponsorships) in Kulturvermittlungsprojekte und Audience Development-Programme zu investieren. Für die Ressourcensicherung ist aber neben staatlicher und privatwirtschaftlicher Unterstützung der erheblich gewachsene bürgerliche Gemeinsinn von zukunftsweisender Bedeutung. Ein dauerhaftes Engagement Einzelner, vergleichbar der Volunteers in den USA, ohne die dort keine Kultureinrichtung ambitionierte Audience Development-Programme realisieren könnte, sollte perspektivisch gesehen eine sichere Bank sein.

So weit zur Habenseite unserer Zwischenbilanz mit Ausblick. Auf der Soll-Seite sind – jedenfalls auf Deutschland bezogen – noch umfangreiche Hausaufgaben zu erfüllen – etwa: eine konsequente, allumfassende, ganzheitliche Ausrichtung gerade der klassischen Kultureinrichtungen auf ihre Nutzer oder Publika – ein professionelles Customer-Relationship-Kulturmanagement also. Da gibt es noch viel zu tun, von der Programmpolitik bis zu den unterstützenden Serviceleistungen. Das bleibt ein mühsames Geschäft, ein work in progress, das nur durch kulturpolitischen, sprich: zuwendungsbezogenen Druck, durch ein Verpflichtungs- und Anreizsystem, das an verbindliche Zielvereinbarungen geknüpft ist, beschleunigt werden kann.

Das zweite Desiderat ist eine flächendeckende, kontinuierlich und methodisch professionelle Kulturmarktforschung, die in Deutschland noch in den Kinderschuhen steckt. Und drittens wäre eine gesteigerte Bereitschaft zu strategischen Allianzen auch der ungewöhnlichen Art, zu Kooperationen mit externen Partnern seitens der Kultureinrichtungen wünschenswert und notwendig. Denn ohne solche Partnerschaften sind z.B. Community-Programme mit Keyworkern nicht kompetent und erfolgversprechend durchzuführen. Am Ende steht die Antwort auf die alles entscheidende Frage: Generieren Konzepte, Strategien und Projekte wirklich neue Kulturpublika. Nachhaltigkeit ist nur über bislang fehlende Langzeitstudien zu verifizieren.

Es gibt also noch viel zu tun, aber unsere vorläufige Bilanz weist bereits einen ersten Gewinn im Sinne von Public Value oder gesellschaftlichem Mehrwert aus. Die Renditeerwartungen an Audience Development können nicht hoch genug geschraubt sein, denn in diesem speziellen Fall bedeutet Profitmaximierung ausnahmsweise Reichtum für viele, tendenziell für alle. Das scheint möglich, wenn wir weiterhin an der Vervollkommnung der Dreifaltigkeit aus Vermittlungsethos, Verantwortungskultur und kulturmanagerialer Professionalität arbeiten.

Anmerkungen

1 B.G. Morison/J.G Dalgleish: *Waiting in the Wings – A larger Audience For The Arts and How to Develop it*, New York 1992, S. 7.
2 Ebd., S. 66 passim.
3 Vgl. Council of Europe (Hrsg.): *Cultural Policies in Europe*, 2002.
4 Vgl. www.artscouncil.org.uk.
5 Vgl. Birgit Mandel: *Anreizstrategien für ein neues Publikum*, S. 2f, http://www.kupoge.de/kongress/2005/dokumentation/mandel.pdf.

„Das wichtigste ist es doch, sein Publikum zufriedenzustellen. Die Kritiker mögen von einem Programm ganz begeistert sein, wenn es das Publikum nicht ist, bringt es gar nichts."

Luciano Pavarotti
(1935-2007)

BIRGIT MANDEL

Audience Development –
Zwischen Marketing und kultureller Bildung

Der Begriff Audience Development wurde Mitte der neunziger Jahre in angelsächsischen Ländern eingeführt als Bezeichnung für die strategische Entwicklung neuen Publikums für Kultureinrichtungen.[1] Audience Development arbeitet mit Ansätzen aus dem Kulturmarketing, der Kultur-PR, der Besucherforschung, aus der Kunstvermittlung und aus der kulturellen Bildung, um kulturelle Angebote für unterschiedliche Zielgruppen zu gestalten, zu positionieren, zu kommunizieren, zu vertreiben und zu vermitteln. Zum Einstieg einige Beispiele für Audience Development, die mit sehr unterschiedlichen Ansätzen an dem Ziel arbeiten, neue Nutzer für Kunst und Kultur zu gewinnen:

Die *jungen Philharmoniker Frankfurt* haben eine Agentur beauftragt, eine aufsehenerregende, Erwartungen an die Konventionen im Kontext von klassischer Musik unterlaufende Plakatkampagne für sie zu entwickeln, mit der sie Aufmerksamkeit bei jungen klassikfernen Zielgruppen erzeugen und mit der sie auf die besondere Erlebnisqualität klassischer Musik hinweisen wollen.

Das Berliner Theater *Hebbel am Ufer* (HAU) lud anlässlich des 100. Geburtstages des Theaters den in der türkischen Jugend-Community sehr bekannten türkischen Rapper Cesa ein, um damit die türkische Jugendszene des Bezirks Kreuzberg, in dem das HAU situiert ist, in das Theater zu holen und es (zumindest für einen Abend) zum Ort dieser Szene zu machen.

Im Rahmen des New Audience Programms des Arts Council England entwickelte die *Tate Gallery London* unter dem Titel „At home with arts" eine Kooperation mit der populären Haushaltswarenkette Homebase. Sie beauftragte bekannte Künstler, Gebrauchsgegenstände zu gestalten, die massenhaft hergestellt und in den Homebase-Läden zu günstigen Preisen verkauft wurden, gemeinsam mit Gutscheinen für Eintrittskarten und Führungen durch die Tate Gallery. „Kunst für Zuhause" sollte bei einem lifestyle-orientierten Klientel Schwellen im Umgang mit Kunst senken und weiteres Interesse anregen.

Die Berliner *Schaubühne* bietet für Schulklassen Workshops zu Inszenierungen aus dem Programm der Schaubühne, in denen es darum geht, die spezifischen Inhalte und ästhetischen Mittel einer Inszenierung durch eigenes künstlerisch-praktisches Nachempfinden zu begreifen. Verbunden mit dem Workshop ist ein gemeinsamer Besuch der entsprechenden Inszenierung.

Die Bundeskulturstiftung hat als Beitrag zum *Kulturstadtjahr Ruhr 2010* die beachtliche Summe von 20 Mio. Euro zur Verfügung gestellt, um ab sofort jedem Grundschulkind im Ruhrgebiet ein Musikinstrument sowie in die Schulzeit integrierten Musikunterricht zuzugänglich zu machen. Durch das Erlernen eines Instruments sowie durch gemeinsames Musizieren sollen Interesse für künstlerische Tätigkeit geweckt und Grundlagen für kulturelle Kompetenz gelegt werden – und zwar unabhängig vom sozialen familiären Hintergrund für alle Kinder.

All diesen Beispielen gemeinsam ist, dass neue Zielgruppen für Kunst und Kultur gewonnen werden sollen. Dabei können unterschiedliche Ziele und Reichweiten verfolgt werden, von der Ebene der einzelnen Kulturinstitution bis zur gesellschaftspolitischen Ebene. „Audience Development fasst als Dachbegriff wesentliche Einzelbausteine eines modernen Kulturmanagementverständnisses zusammen, indem es sich auf die zentrale Bezugsgröße des Kulturbetriebs konzentriert: das Publikum"[2], so definiert Klaus Siebenhaar aus einer kulturmanagerialen Sicht. „Audience Development hat das Ziel, die Teilnahme an Kunst und Kultur für alle Gruppen der Gesellschaft zu ermöglichen vor dem Hintergrund der Überzeugung, dass Kunst eine nachhaltige und bereichernde Wirkung auf das Leben aller Menschen haben kann". So die Zielbeschreibung von Audience Development aus kulturpolitischer Perspektive des Arts Council England.[3]

„The goal of audience development is identical for all arts organizations: Tapping into an unrealized market that can increase your profit margin and everyone's cultural awareness."[4] Neue Märkte erschließen, die den Profit der Einrichtung erhöhen und zugleich das kulturelle Bewusstsein der Menschen erweitern, so formuliert es Donna Walker-Kuhne, Direktorin einer Audience Development-Agentur in den USA, die Audience Development sowohl als Instrument zur Verfolgung von Marketingzielen im Sinne von Erhöhung der Besucherzahlen und der Einnahmen begreift wie auch als eine bildungs- und kulturpolitische Strategie.

Bei Audience Development geht es um das Publikum bzw. um potentielles Publikum für Kunst und Kultur. Das Kulturpublikum wird im deutschen Kulturbetrieb traditionell mit Ambivalenz betrachtet. Es wird verachtet für seine banalen Unterhaltungsbedürfnisse, es wird benutzt als Legitimationsfaktor für öffentliche Kulturförderung, umworben und gefeiert als Quotenbringer, gefürchtet für seine zunehmende Unberechenbarkeit, teilweise ignoriert und möglicherweise verkannt in seinen Motiven und Bedürfnissen in Bezug auf Kunst und Kultur.

Audience Development aus kulturpolitischer Perspektive

Für öffentliche Kulturinstitutionen und für Kulturpolitik in Deutschland war das Kulturpublikum lange Zeit von eher untergeordneter Bedeutung. Auch war es kaum Gegenstand wissenschaftlicher Forschung. Was sind die Gründe dafür? Künstlerische Produktionen sind in Deutschland nach wie vor zu einem großen Teil aus dem freien Spiel des Marktes herausgenommen und damit nicht von der Nachfrage des Publikums und dessen Geschmack abhängig.

Kunstfreiheitsgarantie als Leitlinie der Kulturpolitik in Deutschland

Die grundgesetzlich verbriefte Freiheit der Kunst wird in Deutschland traditionell durch die Fürsorge und finanzielle Förderung der öffentlichen Hand gesichert. Etwas über 8 Mrd. Euro bringen die Steuerzahler in Deutschland pro Jahr für Kulturförderung auf, mehr als in jedem anderen Land. Dennoch bleibt der Einfluss des Publikums darauf, welche kulturellen Produktionen erstellt und präsentiert werden, gering. Der Staat selbst hält ein großes Angebot an Kulturinstitutionen bereit, die per se als wertvoll und „legitim" definiert sind, weitgehend ungeachtet der Nachfrage durch die Kulturnutzer. Anders als in Ländern wie Großbritannien oder Frankreich ist die Gewährleistung des Zugangs aller Bürgerinnen und Bürger zu den kulturellen Gütern keine Vorgabe der Verfassung. Gehandelt wird vor allem nach dem Prinzip der Anbieterförderung, das heißt, es werden die Kulturinstitutionen gefördert und nicht die Rezipienten bzw. diese nur indirekt.

Konzepte der Rezipientenförderung, wie sie etwa in skandinavischen Ländern und den Niederlanden insbesondere bei der Förderung von Kindern und Jugendlichen umgesetzt werden, bestehen zum Beispiel darin, Kulturvemittlungsinstanzen zu finanzieren, die sich um spezifische Zielgruppen bemühen oder Gutscheine für Kulturveranstaltungen zur Verfügung zu stellen. (So ermöglicht es etwa ein Cultural-Youth-Passport-System jedem Jugendlichen in den Niederlanden eine bestimmte Anzahl kultureller Veranstaltungen kostenlos zu besuchen. Dieses System motiviert die Kultureinrichtungen, spezifische Angebote für junge Leute zu konzipieren und für diese Zielgruppe attraktiv zu bewerben, damit möglichst viele Gutscheine in ihrer Institution eingelöst werden.)

Bildungsbürgertum als zentrale Anspruchsgruppe von öffentlich geförderter Hochkultur

Die Vermittlung von Kunst an ein breites Publikum ist auch aufgrund der historisch bedingten Vormachtstellung des Bildungsbürgertums nicht im Fokus des öffentlichen Interesses gewesen. Das Bildungsbürgertum ist bis heute die zentrale Anspruchsgruppe öffentlich geförderter Hochkultur.

Es zeichnet sich gerade dadurch aus und grenzt sich ab dadurch, dass es über Kennerschaft und die richtigen kulturellen Codes verfügt und keiner Vermittlungsinstanzen bedarf. Aber auch strukturelle Bedingungen wie die Trennung von Kultur- und Bildungspolitik sowie das Fehlen nationaler kulturpolitischer Leitlinien erschweren die Etablierung publikumsorientierter, kulturvermittelnder Instanzen.

Publikumsorientierung als Leitbild der Kulturpolitik. Das Beispiel Großbritannien

Großbritannien ist das Land in Europa, das seine Kulturpolitik am konsequentesten am Kulturpublikum und dem Prinzip der Rezipientenförderung ausgerichtet hat, und so ist es nicht durch Zufall das Land, in dem deshalb auch am intensivsten Audience Development-Programme stattfinden. Öffentliche Kulturförderung ist grundsätzlich an nachweisbare Bemühungen geknüpft, aktiv um ein breites Publikum zu werben. Aus diesem Grund soll an hier etwas detaillierter auf kulturpolitische Handlungsstrategien in Großbritannien eingegangen werden. Deutschland und Großbritannien können in ihrer kulturpolitischen Grundausrichtung als die beiden extremen Positionen in Europa betrachtet werden: In Deutschland existiert das Credo der Autonomie der Kunst, die Leitidee in Großbritannien besteht darin, dass Kunst nützlich sein sollte für die Gesellschaft, sowohl als Wirtschaftsfaktor wie auch als Medium sozialer Integration und als Bildungsfaktor. Kulturinstitutionen werden, mit wenigen Ausnahmen, in Großbritannien nicht vom Staat unterhalten, sondern werden mit öffentlichen Geldern gefördert, um bestimmte kulturpolitische Ziele zu realisieren, die sehr stark auf kulturelle Partizipation vor allem sozial benachteiligter Gruppen zielen. Insgesamt wird sehr viel weniger öffentliches Geld für Kultur ausgegeben, nämlich nur ca. 1,6 Mrd. Euro im Vergleich zu 8 Mrd. Euro in Deutschland. Der selbsterwirtschaftete Anteil der öffentlichen Kultureinrichtungen ist sehr viel höher und liegt etwa bei den öffentlich geförderten Theater in GB bei 48 Prozent, in Deutschland bei 16 Prozent. Schon darum wird das Publikum als Förderer sehr viel ernster genommen.

Öffentlich geförderte Kulturangebote sollen allen sozialen Gruppen zugänglich gemacht werden

Ein zentrales Ziel öffentlicher Kulturförderung in Großbritannien besteht darin, Kultur allen sozialen Gruppen zugänglich machen. Dazu stellte die Regierung 1999 einen für ganz England verbindlichen 5-Punkte-Plan auf, der verlangt, „den Zugang für alle zu einem reichen und variationsreichen kulturellen Leben zu erweitern", „das Bildungspotential der nationalen kulturellen Ressourcen zu entwickeln", „die Standards kultureller Bildung und kultureller Vermittlung zu erhöhen", „sicherzustellen, dass jeder die

Möglichkeit hat, im Kulturbereich Talente zu entwickeln", „die Rolle von Kunst und Kultur im Kampf gegen soziale Ungleichheit und Ausschluss zu stärken".[5] Dementsprechend wurde sehr viel Geld in Audience Development-Offensiven investiert. So führte der Arts Council z.B. von 1998 bis 2003 ein mit 20 Mio. Pfund finanziertes New Audiences Programm durch. Kulturinstitutionen konnten sich bewerben mit Ideen, wie sie vor allem soziale Rand-Gruppen erreichen wollen. Die ausgewählten Projekte erhielten Geld für die Umsetzung und Evaluation der Ideen.[6]

Einige Beispiele: Um eine breite allgemeine Öffentlichkeit zu erreichen, waren Kooperationen mit populären Fernsehsendern sehr erfolgreich, wo Kultureinrichtungen zur Prime Time Spots senden konnten. Das erste Bollywood Drive-In Kino-Festival wurde vom British Film Institute initiiert, um Migranten-Familien aus Indien anzusprechen. Filmemacher drehten mit der Bevölkerung eines kleinen Dorfes einen Film über ihr Dorfleben. Theaterstücke wurden in Discos aufgeführt, Literaturprojekte fanden in Krankenhäusern und Arbeitsämtern statt.

Zwei Ergebnisse der Evaluation der Audience Development Programme in England sind aus meiner Sicht für die aktuelle Diskussion in Deutschland zum Einfluss des Kulturpublikums von besonderer Bedeutung:

1. Unterschiedlichste, auch bildungsschwache Bevölkerungsgruppen können für Kunst und Kultur gewonnen werden, wenn Kulturinstitutionen neue, auf die jeweilige Zielgruppe ausgerichtete Wege finden, wie sie Kunst konzeptionieren, präsentieren und kommunizieren.

2. Entgegen der in Deutschland immer wieder geäußerten Befürchtungen, eine stärkere Publikumsorientierung führe zu einer Reduzierung der Vielfalt und Qualität von Kunst auf Marktgängiges, konstatierte ein Großteil der beteiligten Institutionen, dass sich die intensive Auseinandersetzung mit neuen Publikumsgruppen, im Gegenteil, auch positiv auf die künstlerischen Produktionen auswirkte.

Das Fazit des Arts Council England nach einer Befragung aller beteiligten Kulturinstitutionen und Künstler lautet wiefolgt: „Eines der beeindruckendsten Ergebnisse des New-Audience-Programms besteht darin, dass Institutionen, die ihrem Publikum vertrauen, es verstehen und wertschätzen zugleich auch kraftvolle und qualitativ hochwertige Kulturprogramme erstellen und dadurch erfolgreich sind."[7] Audience Development erweist sich als dialogischer Prozess zwischen Kulturanbietern und Kulturpublikum. Damit setzen sich Kulturinstitutionen der Chance ebenso wie dem Risiko aus, sich verändern zu müssen. Ein Prozess, zu dem es in der derzeitigen Situation auch in Deutschland keine Alternative geben dürfte.

Die Entdeckung des Kulturpublikums in Deutschland

Aufgrund gravierender Veränderungen sowohl der Nachfrager- wie auch der Anbieterstrukturen spricht einiges dafür, dass Audience Development auch in Deutschland als strategische Option systematischer Publikumsentwicklung an Bedeutung gewinnen wird.

Rückgang bzw. Alterung des Publikums traditioneller öffentlichen (Hoch-) Kultureinrichtungen

Erkenntnisse der Kulturnutzerforschung zeigen eine alarmierend geringe, sozial selektive und vor allem bei jüngeren Bevölkerungsgruppen sinkende Partizipation an den öffentlich geförderten Kulturangeboten. Im langjährigen Vergleich der Kulturnutzer in Deutschland wird sogar deutlich, dass das Bildungsniveau als Einflussfaktor auf kulturelle Partizipation an Bedeutung gewonnen hat. Besonders bei den jungen Menschen finden sich fast nur noch Gymnasiasten unter den Besuchern von Theatern, Konzerten und Museen.

Eine vom Institut für Kulturpolitik der Universität Hildesheim 2006 durchgeführte Bevölkerungsbefragung zu den Einstellungen gegenüber Kunst und Kultur zeigte, pointiert ausgedrückt, die dominierende Auffassung: Kultur (worunter fast alle Befragten die traditionellen Institutionen der Hochkultur verstanden) ist gesellschaftlich wichtig, hat aber nichts mit meinem persönlichen Leben zu tun.[8]

Die öffentliche Bereitstellung eines großen Kulturangebots bei hoch subventionierten Eintrittspreisen kann allein offensichtlich nicht bewirken, eine breite Bevölkerung am öffentlichen Kulturleben zu beteiligen. Auch Strukturveränderungen auf der Anbieterseite lassen das Kulturpublikum stärker in den Fokus rücken: Ein zunehmenden Wettbewerb der öffentlichen Kultureinrichtungen untereinander sowie der unterschiedlichen Sektoren um öffentliche Finanzierung.

Aufgrund der Konkurrenz um öffentliche Mittel müssen auch Theater, Opern, Museen bzw. Kulturpolitiker argumentieren, worin der besondere Wert künstlerischer Angebote für die Gesellschaft und den einzelnen Steuerzahler gegenüber Kindergärtenausbau, Verkehrsnetzen oder Sportanlage besteht – und sie müssen neue Zielgruppen davon überzeugen.

Expansion des privaten Kultursektors
Handlungsdruck entsteht jedoch auch durch das Wachsen privater Kulturanbieter, die um die Aufmerksamkeit eines potentiellen Publikums zu Konkurrenten werden.

Internationalisierung des Kultursektors
Im Zuge der Europäisierung der Kulturpolitik und der Internationalisierung des Kultursektors insgesamt gelangen neue kulturpolitische Ideen und neue Modelle nach Deutschland, neben dem Hype um die *Creative Industries* sind das auch publikumsorientierte Konzepte, die die Einstellungen hier beeinflussen. (Prägnantestes Beispiel ist das Education Programm der Berliner Philharmoniker, das Chefdirigent Sir Simon Rattle zunächst gegen den Widerstand der Berliner Philharmoniker in Berlin durchsetzen musste.)

Das Publikum – ein unbekanntes Wesen?
Erkenntnisse der Kulturnutzungsforschung als Voraussetzung
für Audience Development-Strategien

Wer ist überhaupt das Kulturpublikum in Deutschland? Was sind seine Motive, was sind mögliche Barrieren? Die systematische Kulturnutzerforschung als Voraussetzung für die Entwicklung von Audience Development Strategien steht in Deutschland erst am

Anfang. Einige erste Ergebnisse geben jedoch bereits wichtige Hinweise: Das Zentrum für Kulturforschung zählte 2005 ca. 50 Prozent der Bevölkerung zu den unterhaltungsorientierten Gelegenheitsnutzern, die potentiell für kulturelle Angebote zu gewinnen sind. Zur Zeit gehören jedoch nur ca. acht Prozent der Bevölkerung zu den regelmäßigen Nutzern der öffentlich geförderten Angebote, darunter fast nur Akademiker. Die Stammbesucher (und Abonnenten) von Kultureinrichtungen nehmen stark ab.

Erwartungen an Kulturbesuche und Barrieren

Befragt nach den Erwartungen an einen Kulturbesuch, wird an erster Stelle „gute Unterhaltung" genannt, an zweiter Stelle „Etwas live erleben" und an dritter Stelle „gute Atmosphäre". Unabhängig vom Alter sind interdisziplinäre, eventorientierte Veranstaltungsformate, bei denen Geselligkeit und Kommunikation wichtiger Bestandteil sind, am beliebtesten. „Lockere Veranstaltungen, wo es auch zu essen und zu trinken gibt" werden bei der Frage nach bevorzugten Veranstaltungsformen an erster Stelle genannt.

Wie unsere Hildesheimer Studie ergeben hat, ist das wichtigste Motiv für den Besuch von (Hoch-)Kulturveranstaltungen unabhängig von Geschlecht, Alter oder Bildungsniveau der Wunsch nach sozialer Aktivität, nach gemeinsamen Unternehmungen mit Partner oder Freunden. Erst danach werden die Motive „sich weiterbilden, etwas lernen" und „neue Kunstformen kennen lernen und ästhetischer Genuss" genannt.[9]

Im Vordergrund stehen also bei der Mehrzahl der Besucher Bedürfnisse nach besonderen Erlebnissen und sozialer Aktivität, anders als die Erwartungen vieler öffentlicher Kulturanbieter, die vor allem von einem intrinsischen Interesse an spezifischen Kunstformen ausgehen.

Als mögliche Barrieren der Kulturnutzung lassen sich indirekt aus den vorhandenen Untersuchungen folgende hemmenden Faktoren benennen:

- Die Annahme, dass Kunst langweilig sei.
- Die Annahme, dass Kunst anstrengend sei; die Angst Kunst nicht zu verstehen, weil man nicht über die nötige Bildung verfüge.
- Die Annahme, dass Kunst nicht zum eigenen Leben und Lebensstil passe (keiner der Freunde und Bekannten nutzt Kulturangebote); die Angst, nicht über die richtigen Umgangsformen im Zusammenhang mit Kultur zu verfügen.[10]

Nicht nur traditionelle Präsentationsformen, auch standardisierte Muster der Rezeption beeinflussen Einstellungen zu Kultur und deren Nutzung, darauf verweist die zuletzt genannte Barriere.

Muster der Rezeption von Kunst und Kultur

Die verschiedenen Kultursparten haben eigene, in der Regel nicht hinterfragte „Traditionen" der Rezeption herausgebildet, die sich insbesondere in den in Deutschland traditionell getrennten Bereichen von E- und U-Kultur stark unterscheiden. Historisch gewachsene und gesellschaftlich geprägte Verhaltensnormen bestimmen darüber, in welcher Weise welche Form von Kunst und Kultur rezipiert wird.

Als die drei idealtypischen Aneignungsweisen lassen sich identifizieren: Kontemplation als weihevolle Würdigung bekannter, anerkannter Kunstwerke; kognitive Auseinandersetzung mit neuen Kunstformen, die sehr stark intellektuelle analytische Fähigkeiten erfordern und mit einer gewissen Anstrengung verknüpft sind; und Unterhaltung als Muster, das vor allem im Kontext mit populärer Kultur auftritt.

Diesen Rezeptionsweisen von Kultur sind nicht nur bestimmten Kulturformen, sondern zugleich auch bestimmten sozialen Milieus zugeordnet, die jeweils sehr stark durch den Faktor Bildung geprägt sind. Die in der Regel nicht hinterfragten Verhaltensmuster bei der Aneignung bestimmter kultureller Produktionen beeinflussen das Image und den Zugang zur präsentierten Kunst.

Diese verschiedenen Rezeptionsmuster der Kontemplation, kognitiven Anstrengung und der Unterhaltung mit den Komponenten

Aktion, Gemeinschaftlichkeit, außergewöhnliche Erlebnisse gehören im Prinzip alle zusammen zu einem ganzheitlichen Kunst-Rezeptions- und Aneignungsprozess. (Aneignung meint hier einen aktiven Vorgang, sich kulturelle Formen und Inhalte zu eigen zu machen, sie in seinen Erfahrungsschatz aufzunehmen. Um sich etwas anzueignen, bedarf es einer aktiven (inneren) Beteiligung des Rezipienten.

Kunstrezeption ist immer auch mit Anstrengung verbunden, weil sie vor allem dann nachhaltige Bildungswirkungen erzielt, wenn eine wirkliche Auseinandersetzung stattgefunden hat. Im Audience Development geht es darum, einen angenehmen und aktivierenden Rahmen zu bereiten, damit Menschen zu dieser Anstrengung bereit sind. Audience Development-Strategien müssten also auch versuchen, die starren Grenzen zwischen den Rezeptionsmustern aufzubrechen und diese so zu verbinden, dass Kulturformen stärker ineinander greifen und sich gesellschaftliche Gruppen durch Kultur weniger abgrenzen.

Strategien des Audience Development

Das Ziel, neues Publikum zu gewinnen und zu binden, kann auf sehr unterschiedliche Weise erreicht werden. Im Folgenden skizziere ich die meines Erachtens zentralen Strategien des Audience Developments:

Aufmerksamkeitsstrategie
In der Flut der Informationen, Werbebotschaften und Angebote die Aufmerksamkeit und das Interesse potentieller Kulturnutzer zu gewinnen ist Voraussetzung für jedes Audience Development. Dazu gehört auch, Erwartungen zu lenken und Kulturimages zu verändern, die Kunst und Kultur als etwas zeigen, das sehr weit weg ist vom Leben und den Interessen der meisten Menschen.

Markenstrategie
Eine Marke ist ein emotionales, symbolisches Werteversprechen, das für eine bestimmte Qualität steht. Im Kulturbetrieb können Marken Orientierung bei der Planung von Kulturbesuchen bieten und die Risiken der Kunstnutzung mindern. Eine Marke kann dazu

beitragen, die Beziehung zwischen Kultur-Nutzer und Kultureinrichtung zu intensivieren und auf eine vertrauensvolle Basis zu stellen. (Eindrucksvollstes Beispiel dafür war sicher die Kampagne „Das MoMA in Berlin", die auf das Markenimage des MoMA setzte und dieses mit populärer Kultur in Verbindung brachte.) Ein Markenimage befördert die Identifikation der Besucher mit einer Einrichtung, denn wir beurteilen Produkte, Serviceleistungen und Institutionen immer auch danach, ob sie zu uns und unserem Lebensstil passen.

Verbundenheitsstrategie
Das Konzept der Marke als Basis für Vertrauen und Zugehörigkeit kann durch gezielte Verbundenheitsstrategien fortgeführt werden. Wie nicht zuletzt am Rückgang der Abonnentenzahlen öffentlicher Theater sichtbar wird, ist es immer schwieriger, Menschen dauerhaft an eine Kultureinrichtung zu binden. Mit dem Rückgang eines traditionellen Bildungsbürgertums, für das der Hochkulturbesuch zum festen Bestandteil ihres Lebens gehörte, ist für viele Kultureinrichtungen eine sichere Basis verloren gegangen. Langfristige Beziehungen zu seinen Zielgruppen aufzubauen, dürfte also eine der entscheidenden Aufgaben im Kulturmarketing werden.

Dabei ist interessant zu beobachten: Einerseits sind Menschen immer weniger bereit, sich an eine Einrichtung „fesseln" zu lassen, andererseits boomen differenzierte, zielgruppenspezifische Formen der Mitgliedschaft in einer Kulturinstitution und Fördervereine. Solche Mitgliedschaften können den Kulturnutzern sowohl exklusive Vorteile liefern, so etwa den von vielen sehr geschätzten direkten Kontakt zu Künstlern, wie vor allem auch Zugehörigkeit zu einer besonderen Gruppe und ein Mit-Verantwortungsgefühl für den Erfolg einer kulturellen Einrichtung aufbauen.

Wie eine Studie des Kulturkreises der Wirtschaft im BDI über Fördervereine zeigt, haben sich die Motive der Fördermitglieder verändert: „In der Vergangenheit ging es darum, Gutes zu tun und dem Unterstützerkreis anzugehören. Heute wollen die Mitglieder stärker projektbezogen oder sogar zeitlich befristet mitarbeiten. Sie suchen nach Möglichkeiten einer aktiven Beteiligung und fordern Gestaltungsspielräume und Anerkennung ihres Engagements".[11] Besuchern das Gefühl zu vermitteln, dass sie dazugehören und auch

Einfluss haben auf die Arbeit einer Kultureinrichtung, ist also eine wichtige Basis für den Aufbau einer langfristigen Beziehung zum Publikum und bestätigt, dass Audience Development immer ein dialogischer Prozess ist.

Servicestrategie
Die Gestaltung angenehmer Rahmenbedingungen für die Kulturnutzung, die unterschiedlichen Bedürfnissen von Menschen gerecht werden, vom unkomplizierten Karten-Buchen über freundliches Auskunftspersonal bis zum schönen Café ist die Grundvoraussetzung dafür, dass potentielle Besucher sich wohl und als Gast wertgeschätzt fühlen und ihr Bedürfnis nach einem schönen Gesamterlebnis entsprochen wird.

Eventstrategie
Die große Popularität der Veranstaltungsform des Events verweist auf das Bedürfnis nach herausragenden, gemeinschaftlichen Kulturerlebnissen. Events sind zeitlich begrenzte, außergewöhnliche Ereignisse, die sich durch einen alle Sinne ansprechenden, aktivierenden, kommunikationsstiftenden Rahmen auszeichnen.

Der Erfolg von Hochkulturveranstaltungen wie etwa die „Langen Museumsnächte" oder die Sommerkonzerte der Berliner Philharmoniker in der Waldbühne zeigt den Wunsch, Kunst in neuen Kontexten und unter neuen Rezeptionsbedingungen zu erfahren, die vor allem soziales und gemeinschaftliches Erleben betonen. Klassische Musik in der großen Arena unter freiem Himmel – den Picknick-Korb dabei, es darf gegessen, getrunken, getanzt werden. Das gewohnte Hochkultur-Rezeptionsmuster der weihevollen Kontemplation wird ausgetauscht durch ein Muster, das sonst nur mit populären Kulturformen verknüpft ist.

Jeder Kontext gestaltet das Kunstwerk mit. Eine neue Umgebung stellt eine künstlerische Produktion in einen neuen Wirkungs- und Sinnzusammenhang und kann gerade ungeübten Kulturnutzern neue Anschlussmöglichkeiten und Bezüge zu ihrem Leben geben.

Outreach strategy
Die Kulturnutzerforschung in England hat deutlich gemacht, dass bestimmte Gruppen von bisherigen Nicht-Besuchern nur dann

erreicht werden können, wenn Kulturinstitutionen und Künstler nicht nur ihren gewohnten Rahmen verlassen, sondern auch zu den Orten gehen, wo diese Gruppen leben und nach Verbindungen und gemeinsamen Interessen suchen. So ist es in Großbritannien inzwischen selbstverständlich, dass Kulturinstitutionen auch Programme entwickeln, mit denen sie in Kindergärten und Schulen, in Sportvereine, in Diskotheken, in Community Center gehen.

Als sehr erfolgreich hat sich dabei auch das Modell der Arts Ambassadors erwiesen. Dabei werden gezielt Mitglieder aus den avisierten Zielgruppen angesprochen und als Multiplikatoren und Botschafter gewonnen, die Zugang zu den Gruppen herstellen und über deren Interessen informieren und umgekehrt gezielt in ihrem Bekanntenkreis für die Einrichtung werben. Über diese Multiplikatoren kann sehr viel mehr neues Publikum gewonnen werden als über traditionelle Marketingmaßnahmen, so ergab die Evaluation dieses Programms.[12]

Direkte Vermittlungsstrategie
Menschen durch stimulierende und aktivierende Rahmenbedingungen zu öffnen ist die Voraussetzung für Vermittlung, die den Teilnehmern auch eigene Anstrengung abverlangt. Bildung kann erst dann entstehen, wenn Menschen nicht nur einen schönen Abend hatten, sondern auch die Auseinandersetzung zwischen Kunst und Publikum geglückt ist.

Dass sich Kunst nicht von selbst versteht, ist seit Bourdieu in einigen kultursoziologischen Untersuchungen nachgewiesen. Kunstrezeption erfordert Vorwissen und bestimmte Codes, damit sich ihre Bedeutung erschließt. Künstlerische Produktionen sind hochgradig komplexe und verschlüsselte Bedeutungsträger. In einer differenzierten Gesellschaft sind sie nicht mehr Allgemeingut, sondern beinhalten Expertenwissen.

Um mit diesen Codes vertraut zu machen und zugleich zu zeigen, dass Kunstdefinitionen immer gesellschaftliche Wertungen sind und als solche veränderbar, bedarf es direkter Kulturvermittlungsinstanzen. Diese reichen von medialen Vermittlungshilfen (selbstevidente Ausstellungsdidaktik, Audio Guides, Programmtexte, Beschriftungen, Kurzfilme, Computer) über dialogisch gestaltete

Führungen/Einführungen bis zur Anregung zu eigener gestalterischer Auseinandersetzung (z.B. in Form von künstlerischen Workshops).

Entscheidend ist hier die Qualität der Vermittler, die neben Kreativität in der Entwicklung neuer Vermittlungsformate vor allem auch ein hohes Reflexionsvermögen benötigen, das den eigenen Kulturbegriff kritisch hinterfragt, damit Vermittlung nicht zur Missionierung wird, sondern Teilnehmer ermutigt, eigene Werturteile und Ideen zu entwickeln.

Fazit: Durch Marketing zur kulturellen Bildung

- Ziel von Audience Development aus Marketingperspektive ist es, ausgehend von den Interessen eines Anbieters, neues Publikum zu generieren und an eine Einrichtung zu binden, um die Nachfrage nach Produktionen der Einrichtung zu sichern bzw. den Absatz zu erhöhen.

- Ziel von Audience Development aus Perspektive der kulturellen Bildung ist es, ausgehend von den Interessen der jeweiligen Zielgruppen Zugänge zu schaffen zu Kunst und Kultur und Menschen anzuregen, das Potential von Kunst für Bildung, Stiftung von Gemeinschaft und Erhöhung von Lebensqualität zu nutzen.

- Marketing spricht den Konsumenten an, Kulturvermittlung den Rezipienten.

Die Funktionen des Kulturmarketings und der direkten pädagogischen Vermittlung sind aufeinander angewiesen. Ohne die Vorbereitung von Rezeptionsprozessen durch Kulturmarketing ist es kaum möglich, neue Zielgruppen zu gewinnen.

Die Positionierung von Kulturinstitutionen und kulturellen Angeboten durch Marketing und PR ist eine Voraussetzung, um in einer ökonomisierten und lebensstilorientierten Welt Aufmerksamkeit zu gewinnen.

Ohne direkte dialogische Vermittlung entstehen jedoch kaum nachhaltige positive Erfahrungen im Kontext mit Kultur, die dafür sorgen, dass die Nutzung kultureller Angebote nicht einmalig bleibt, sondern wiederholt wird. Vor allem eine unmittelbare dialogische Vermittlung, die die gezielte Auseinandersetzung mit Kunst und Kultur beinhaltet, Hintergründe und kulturelle Codes vermittelt und zugleich hinterfragt und zu eigenen kreativen Selbstbildungsprozessen anregt, ist notwendig dafür, dass es nicht beim Kultur-Event-Konsum bleibt, sondern Kultur ihren Bildungsauftrag auch wirklich erfüllen kann und mehr Menschen zu Mitgestaltern des kulturellen Lebens befähigt werden.

Anmerkungen

1 Vgl. Heather Maitland: *A guide to audience development*. Arts Council of England, Audience Development Department (Hrsg.), London, 2000.
2 Klaus Siebenhaar: *Vortrag zur Eröffnung des Zentrums für Audience Development* (ZAD), gehalten am 5. Juni 2007, Berlin, S. 3. Auf: http://www.zad.ikm.fu-berlin.de/zad_eroeffnungsvortrag.pdf
3 Vgl. www.artscouncil.org.uk.
4 Donna Walker-Kuhne: *Invitation to the party. Building bridges to the arts, culture and community*, New York 2005, S.166.
5 Vgl. Council of Europe (Hrsg.): *Cultural Policies in Europe*, 2002.
6 Vgl. www.artscouncil.org.uk.
7 Peter Hewitt, in: Gill Johnson: *New audiences for the arts: The new audiences programme 1998 – 2003*. London, S. 2.
8 Vgl. Birgit Mandel/Institut für Kulturpolitik/Studierende der Universität Hildesheim: *Einstellungen zu Kultur und ihr Einfluss auf kulturelle Partizipation. Ergebnisse einer Bevölkerungsumfrage in Hildesheim*, Juni 2005, www.uni-hildesheim.de/Institut für Kulturpolitik.
9 Vgl. ebd.
10 Vgl. Birgit Mandel/Institut für Kulturpolitik 2005, *ZDF Medienstudie 2005*; Befragung des Deutschen Bühnenvereins von Jugendlichen, die nie ins Theater gehen.
11 Kulturkreis der deutschen Wirtschaft im BDI: *Studie zu Förder- und Freundeskreisen der Kultur in Deutschland*, Januar 2007, auf: www.kulturkreis.org sowie www.freundeskreise-kultur.net.
12 Mel Jennings: *A practical guide to working with arts ambassadors*. Arts Council England 2003. Auf: www.artscouncil.org.uk.

Literatur

Arts council England/Johnson, Gill: *New audiences for the arts: The new audiences programme 1998 – 2003*, London.

Council of Europe (Hrsg.): *Cultural Policies in Europe*, 2002.

Jennings, Mel: *A practical guide to working with arts ambassadors*. Ars Council England 2003 (www.artscouncil.org.uk).

Maitland, Heather: *A guide to audience development*, Arts Council of England, Audience Development Department (Hrsg.), London, 2000.

Mandel, Birgit (Hrsg.): *Audience Development, Kulturmanagement, Kulturelle Bildung. Konzeptionen und Handlungsfelder der Kulturvermittlung*, München 2008.

Mandel, Birgit: (Hrsg.): *Kulturvermittlung. Zwischen kultureller Bildung und Kulturmarketing. Eine Profession mit Zukunft*, Bielefeld 2005.

Mandel, Birgit: *Audience Development Programme in Großbritannien. Ein Modell zur Förderung kultureller Teilhabe in Deutschland?* In: *Jahrbuch für Kulturpolitik, Institut für Kulturpolitik der Kulturpolitischen Gesellschaft* (Hrsg.), Essen 2005.

Mandel, Birgit/Institut für Kulturpolitik/Studierende der Universität Hildesheim: *Einstellungen zu Kultur und ihr Einfluss auf kulturelle Partizipation. Ergebnisse einer Bevölkerungsumfrage in Hildesheim*, Juni 2005, www.uni-hildesheim.de/Institut für Kulturpolitik.

Siebenhaar, Klaus: *Vortrag zur Eröffnung des Zentrums für Audience Development* (ZAD) am 5. Juni 2007. Berlin. Download: http://www.zad.ikm.fu-berlin.de/zad_eroeffnungsvortrag.pdf

Walker-Kuhne, Donna: *Invitation to the party. Building briges to the arts, culture and community*, New York 2005.

Zentrum für Kulturforschung, *1.-8. Kulturbarometer. Bundesweite Bevölkerungsumfragen*, Bonn 1991-2005, www.kulturforschung.de.

Zentrum für Kulturforschung/Keuchel, Susanne (Hrsg.): *Rheinschiene – Kulturschiene. Mobilität, Meinungen, Marketing*, Bonn 2003.

Zentrum für Kulturforschung/Keuchel, Susanne: *Zwischen Eminem und Picasso. Teilergebnisse der Jugendkulturstudie*, Zentrum für Kulturforschung 2005.

ZDF-Medienforschung (Hrsg.)/Kuchenbuch, Katharina: *Kulturverständnis in der Bevölkerung. Ergebnisse einer qualitativen Studie in Ost- und Westdeutschland*, Media Perspektiven 2/05.

„Denn freilich mag ich gern die Menge sehen,
Wenn sich der Strom nach unsrer Bude drängt
Und mit gewaltig wiederholten Wehen
Sich durch die enge Gnadenpforte zwängt,
Bei hellem Tage, schon vor vieren,
Mit Stößen sich bis an die Kasse ficht
Und, wie in Hungersnot um Brot an Bäckertüren,
Um ein Billet sich fast die Hälse bricht.
Dies Wunder wirkt auf so verschiedne Leute
Der Dichter nur; mein Freund, o tu es heute!"

Johann Wolfgang von Goethe
(1749-1832)

Donna Walker-Kuhne

Audience Development in the United States

I would first like to extend my sincere appreciation to the University of Berlin fot the invitation to share with you a brief perspective on strategies we use in the U.S. to embrace, engage and educate our diverse population. I would have to begin my words by first addressing the changing demographics in the U.S.. Our changing demographics speaks to the idea and understanding of how, class, culture and behaviour function in the choices our audiences make in how they access arts and culture. What is important for us as arts administrators is to remove stereotypes and replace them with a healthy and respectful curiosity for others creating diversity in the marketplace. Changing our cultural lens is one of the major opportunities before us. No longer do we have to look at anything as black or white, or young or old but that there is a convergence of cultures that transcend race and class that allows us to play in an arena different than what we have experienced before.

Impact of demographics

If we look at race and ethnicity, demopgraphers tell us that in the United States the Hispanic population is the fastest growing followed by African American and Asian American. In addition we have a huge immigrant population that presents a unique cultural landscape. Also the recent increase of multi ethnic families add to this tableau of ethnicity, never before experienced in America. The question then becomes what is the impact on arts and culture and how do arts marketers welcome these new audiences?

Over 100 years ago, the majority of immigrants to the United States were European and many of our cultural institutions, the ballet, opera and symphony specifically were born out of an european ethos. Today, the majority of our immigrants are from Spanish speaking countries and our cultural institutions are finding that they no longer can use those same strategies to expand audiences.

Age

There is a huge interest in cultivating Generation Y, those individuals born 1977-2002. *USA Today*, one of our national newspapers in a recent article outlined some of the behavioral characteristics of Generation Y. It described this group of 70 million individuals as young, smart and brash. And representing the fastest growing segment of our workforce. They have a very eclectic palate and they don't stay too long in one place. This means that arts organizations are not necessarily cultivating this demographic as a subscription audience. They are extremely computer savvy hence the increase in the use an application of interactive marketing specifically the social computing networks. At the opposite end of the spectrum we have our aging „baby boomers", those born 1946-64 and this represents 89 million americans age 50+ who still have a lot of buying power. Many boomers are still raising children (like me, I have a 5 year old) so this is an important group to target and should not be written off just yet. In the country's quest to engage younger audiences „boomers are living longer and will be good patrons of the arts well into their 80's" says Bud Hodkinson of the center for demographic policy. This means that each age demographic represents a resource and rather than exclude any one segment, I'm encouraging us to expand our efforts.

Internal capacity

Theres is a national movement from arts organizations to develop staff, programming and raise money to specifically focus on developing diverse audiences. I travel extensively to educate staff and help them uncover their biases and misunderstandings that often prevent a sincere effort towards cultivating new audiences. We address target markets and how they might best speak to those constitutents in a long lasting and meaningful way. The questions we examine include „What is my understanding about these new audiences", „What do I know about them and how much am I willing to learn"? The result of these workshops are an enhanced appreciation and openness in discovering different cultures and being engaged in diversity on a deeper level.

Ten Tools for building audiences

Several years ago I designed a template that would enable arts marketers to cultivate multicultural audiences and have some measurements of evaluation. I call these my ten tools for building audiences.

- Investment – Audience Development is a long term labor-intensive process that also requires a sense of vision and purpose.
- Commitment – Expanding your life to support your goals. Placing yourself in the very environment that you want to cultivate.
- Research – Ask questions that will inform your efforts. We cannot assume or carry presupposed ideas on cultural behavior.
- Review and Analysis – Take stock of what you have learned and understanding of your internal capacity, what can you honestly accomplish with your current resources.
- Follow-up – Deliver whatever you promise, keep your word.
- Partnership – Everyone is equal, collaborate with cultural and commercial enterprises that will enhance both of you.
- Educating your artists and audiences – Take the time to demystify the art product
- Building the Bridge – What are the breadcrumbs along the way that signal you are safe and that you will be welcome.
- Creating Value – Distributing complimentary tickets does not assist in one's efforts to cultivate a new audience. Building a relationship and crating cultural events to serve as a point of entry facilitate long lasting experiences.
- Appreciation – Always remember to say thank you

Bringing the arts together
The intersection of art disciplines, combining performing and visual arts thereby creating as many points of entry as possible provides a great point of entry for new audiences. Some of the target markets being specifically targeted include: Gay and lesbian, Faith based (churches, places of worship), Students, Asian American, Hispanic, African American.

Corporate employee networks
Each of these sectors brings a specific strategy and result. I will discuss them in the following case studies:

Ambassadors
Alvin Ailey

I have always used the idea of empowering community to support promotional efforts, that is, identifying key leaders in the cultural community and empowering them with the mission of cultivating audiences for the performances. Currently, I have a group of such Ambassadors with The Alvin Ailey American Dance Theater. We began this project over two years ago as part of marketing the national tour of the company. We realized that there was room to increase ticket sales in many urban cities and that perhaps there was potential within the black community to fill that gap. We began with Chicago for the 2005 season. I identified 9 people that I knew who loved the arts and represented a number of different constituencies. We met and set clear goals. We created a promotional calendar and the Auditorium Theater provided their staff to manage the project locally. We did monthly check-ins by email and within a 4 month period had increased sales by 22 %. We have continued growing this group of volunteers and presently number 20. They have identifed promotional opportunities, ticket give always, ads in non traditional places all to engage the Black community. Continuing these efforts now in the third year has provided steady growth in ticket sales.

The Ailey Ambassadors are in their third year in Atlanta, GA and one of the volunteers is placing our flyers in all the grocery stores as well as tapping into the local Boys and Girls clubs to purchase group tickets.

This formula is quite effective in all forms of art. Symphony orchestra, museums, theaters and dance can all benefit from engaging the community on a level of dedication, respect and empowerment. There needs to be flexibility so that the ambassadors represent the issues of the local community and that the efforts are responsive to ideas that have been presented.

These are not paid positions, it is strictly a volunteer effort. Acknowledgment in the program, press release and the opportunity to meet the artists has been sufficient to drive this campaign.

Interactive Marketing – Reaching today's new audience

Carolyn Bacon, San Antonio Symphonies vice president of marketing states „Wooing youth is critical. It's typical of symphonies all over the country. We're all reaching out to attempt to attract the younger concertgoer."

Symphonies aren't the only ones courting young people these days. A San Antonio-based restaurant chain converted its coffee shops into „modern chic retro" cafes that serve cappuccinos and offer wireless internet hookups.

The movie industry increasingly targets teenagers. To draw teenagers megachurch youth pastor Scott Austin said „You've got to give them a place to hang out. So whether it's a church group, school group or the symphony, I think teenagers want to be in a community with other teenagers."[1] And, this community can be either real or virtual.

The phenomenon of Generation Y and the internet is what Newsweek Magazine calls „the new tech boom". The web is replacing phone books and phones. The opportunity to share information, websites that allow users to share bookmarks, videos, music and photos are rapidly gathering users.

These social computing websites are built to benefit from connections between participants. Young people like to express themselves by putting information where their friends can see it, photos, videos, music and blogs. If the goal is to engage young people, let's look at how and where they access information.

MySpace.com for example represents 65 million adolescents that grows via word of mouth. It represents social computing – websites built to benefit from connections between participants. MySpace is equal to the malt shop of the 50's. Flickr is another one – which is a photo sharing site. Flavorpill is a weekly E-newsletter about cultural events. What is applicable to us as arts marketers is that our audiences are engaged very deeply in this world and it's another place for us to expand our presence and art product.

Currently, 145 million people are online, and are spending on an average of 4 hours per day. 91% of them are sending email. This provides a great opportunity to make sure you are in that conversation. Creating E-Clubs as a way to build your lists and create a sense of inclusion.

How to maximize impact of interactive marketing – 2 case studies

1. A mother, a daughter and a gun

This comedy starring Olympia Dukakis was in need of major promotion having been the subject of negative reviews. As a result, the producers agreed to a viral campaign which is (individuals forwarding eBlasts to their personal list) that would be cost effective and of course raise visibility in non traditional audiences. My strategy was to tap into entities with a large data base.

Gay and lesbian community

Knowing that this community are huge fan of Ms. Dukakis, I asked what could we do together to promote show. They have a Broadway diva series and asked if she should participate in one dedicated to her and her career. She did and we were able to get promotion in the following:

- free ads in 4 gay publications
- ad on the gay community center's website
- ad in the centers E-newsletter
- ad in the centers printed newsletter which goes to 55.000 households
- a New York Times ad
- the opportunity to sell tickets directly after the panel

The second effort was with the New York Blood Donor Center. They are always concerned about getting people to donate blood and often use celebrities to help generate interest. I asked them if the casts of the production could come and shake hands with the donors in exchange for major promotions for the show. They agreed and sent out an eBlast to their donor list of 500.000 encouraging them to meet the cast and give the blood. This gave us an additional hit to 500.000 people.

Planned Parenthood
Our last campaign was with this large female focused non profit agency. I found out that one of the passions of Olympia Dukakis is women's rights. I called the publicist at Planned Parenthood to see how we might tap into their market. She said after reading the script that if Olympia would agree to do an interview, they would place the interview on the homepage of their website which gets one million hits per month and they would put a link to the production's website on to the homepage of the production.

The results of these combined internet campaigns was that the show continued to run for an additional two months and all of these efforts were executed for free.

2. August Wilson's Radio Golf
This is the last play written by August Wilson and my company had the challenge of creating audiences of color for a drama on Broadway which is a unique circumstance. Because this was to be a low budget production, we created a viral campaign to reach the African American community. We contacted many organizations, corporations and churches with customized eBlasts.

For example, to the members of the NAACP, spell out the subject line and message state: „Dear member of the NAACP"
We asked each of our viral partners to do the following with these customized eBlasts:

- send out the customized eBlast to their database
- explore cross promotions with as many African American cultural groups as possible
- include a listing of the production in all their E-newsletters

As a result of these and an organized distribution of postcards and flyers in the black community, the African American attendance for the production was 40% which is extremely high for a Broadway show.

Innovative partnerships that are mutually beneficial

I was the associate producer of a musical called Harlem Song, the first long running musical in Harlem at the world famous Apollo Theater in 2002. We were faced with a geographical challenge in bringing traditional theatre goers to the Apollo Theater in Harlem. After conducting focus groups we learned that while traditional theater goers were familiar with the work of writer/director George C. Wolfe, many of them were quite concerned about their safety. Unfortunately, during this time, much of the media was portraying Harlem as a dangerous neighborhood which was not accurate. To counteract this negative perception, we did the following:

We used printed material to convey our marketing message – that it was easy to get to the theater with maps and subway directions. These were printed on fans, bookmarks, flyers, brochures and posters. The website for Harlem Song highlighted our community partners and Harlem Song designated restaurants.

The message: We created was that it's easy to get to – as easy as taking the A train to 125th street.

We had to take very specific action steps for transportation. We contacted Grayline Bus Tour Company and arranged for them to pick up ticketholders from midtown Manhattan in the Broadway Theater district and bring them to the Apollo's front door. After the show, the same bus service would return them to their original location.

We hired a concierge at the Apollo theatre to reserve car service for those who chose to take the subway but didn't want to take the train home after dark.

We arranged for shuttle service to the suburban trains. In the program and brochure we provided a subway map. We addressed these concerns head on in a creative way that made it fun.

Harlem Song's impact on cultural tourism

We spoke to the restaurants on 125th street, where the Apollo Theater is located, asking them to promote and welcome ticketbuyers from the show. They put up posters and placed flyers on tables and provided various discounts. These restaurants were listed in the program and we encouraged people to go to them. These same businesses reported a 400% increase in sales from the performances.

We also spoke to the local cultural organizations and they agreed to extend their hours and also welcome audience members. Therefore people could extend their Harlem Song experience by going to the Studio Museum, dance theatre of Harlem and the Schomburg Library, all African American institutions.

Harlem Song ran for 4 months and proved that there was a core audience for a musical at the Apollo Theater in Harlem. The theater has continued to build upon these initial resources and have presented 5 musicals since then.

Engaging the multicultural community – New York City Opera – Margaret Garner

This past fall, my company was retained to connect the African American community to an important historical opera, Margaret Garner, the story of an escaped slave woman who chose to murder her child rather than have her brought up as a slave. Toni Morrison wrote the book beloved based on this true story.

We employed many of the strategies that I have discussed but also held meet and greets in targeted neighborhoods so that our key cultural leaders could meet cast members and have a dialogue about the story. Currently there is less than 1% average attendance of African Americans for opera throughout the United States. It is one of the last cultural arena's that has not consistently had a strategy or staff designated to cultivate this demographic.

Knowing this information, we choose to sell the story. We focused on black women who we knew could identify with this story about a Mother's love. We encouraged people to talk about it. The tickets were priced at various levels but most of our audience chose mid to higher price seats. We engaged the African American press to write editorials and we had a generous advertising budget of $ 60.000 to pay for ads in print, radio and the internet targeting the black audience.

As a result, there was 37% attendance by African Americans, the majority attending opera for the first time. We heard from many of them that they loved the show. The New York City Opera was so pleased with the results that they have retained our services to continue to cultivate this demographic whether or not they have an opera with an African American theme. So far we have brought artists to participate in African American events and are sending out an editorial piece highlighting one of the African American opera singers in celebration of black history month. As we bring in new audiences, sometimes our core members can feel displaced, what efforts should we make to address this and prepare them.

Call it a parade, I encourage art institutions to celebrate the fact that as an institution, they have taken on the challenge of welcoming the new american, exploring how to embrace these target communities and how to be a responsive 21st century arts organizations no longer bound by its history but making their core values and mission to reflect their city and community. I encourage marketers to inform their subscribers, tell them about the campaign and ask them to help, make them proud.

We also have to make efforts to ensure that the goal of developing diverse audiences is tied to the fabric of the organization so that when the funding has stopped for a particular program, the campaign can continue because it is a fundamental compenent of the budget. So that these programs are no longer separate or on the side like an order of fries, but are fundamental to their presentation and marketing .

It's a huge investment, not only financially, but also in staff development and staff time. Also these new audiences can help you identify new funding streams and increase earned income over time.

A visionairy approach and strong leadership that is required to move boldly in this arena. We also need to be futuristic in our thinking to prepare ourselves and immerse ourselves in this new world.

The nea's report on the arts and civic engagement reports that Americans who experience art or read literature are demonstrably more active in their communities than non-readers and non-particpants. Their lifestyles reflect the same level of vigor and social commitment as those of sports enthusiasts. Thus reading literature and arts participation rates can be regarded as sound indicators of civic and community health.

Where does the goal for cultivating diverse audiences live?

In your heart. There is a buddhist concept called 'dependent origination' that holds that everything is linked in an intricate web of causation and connection, and nothing – whether in the realm of human affairs or of natural phenomena can exist or occur solely on its own accord. A 1999 article in the miami herald quotes George C. Wolfe who further explains this concept:

„We are all incomplete versions of something else that gets completed by somebody's else's story. And what is so wonderful about the America's is that we need each other to fill in the blanks. Part of your story bleeds into mine, and part of mine bleeds into yours. It's that fragmentation of identity that tells us who we are."

Conclusion

I don't believe there is any one most effective strategy or technique. It is an integrated wholistic way of thinking followed by a strategy designed to embrace and welcome new audiences, recognize their distinctiveness and celebrating their interests that is most effective. With a strong spirit of collaboration including unions, chamber of commerce, professional organizations, these goals cans be achieved.

Successful trends in audience development:

Wed rush hour 6pm shows
- parents dropping off kids and go to see a show
- gen x chat rooms, bulletin boards and interaction on the web
- teen ambassadors, bridge to community and teen journalists as well
- scouting initiative – girl scouts and boy scouts as arts audiences
- corporations and their employee affinity groups

It's a great time to be immersed in the world of arts and culture. As arts marketers in the United States, we are facing our greatest challenges in a most exciting time. We make the choice to advance like warriors, representing the voices of our respective communities advocating for programming that is innovative and engaging. Let's move forward with tenacity and a standard of excellence as leaders in our field. Never before have the arts had such a talented, creative and intelligent group of arts administrators as we do today.

Anmerkung

1 Auf: www.MySA.com

ULRIKE GIESSNER-BOGNER

Audience Development, Kulturvermittlung und Keywork.
Aktuelle Entwicklungen in Österreich

Im Rahmen des Vortrages im Februar 2008 wurde das Thema Audience Development in Bezug auf die aktuellen kultur- und bildungspolitischen Veränderungen in Österreich mit der seit Januar 2007 bestehenden neuen Regierung zwischen SPÖ und ÖVP gesetzt, aus der Sicht der „arm-length-organisation" KulturKontakt Austria. Inzwischen wurde am 7. Juli 2008 die Koalition zwischen SPÖ und ÖVP nach nur einein- halb Jahren beendet, im September 2008 wurde in Österreich (wieder) gewählt. Zum Zeitpunkt des Schreibens dieses Textes ist daher unklar, ob die kultur- und bildungspolitische Schwerpunktsetzung auf kulturelle Bildung und Kulturvermittlung, wie sie im Folgenden skizziert wird, auch 2009 und die nächsten Jahre fortgesetzt wird oder ob es nur eine kurze Phase des Aufbruchs war. Ergänzt wurden diese Ausführungen mit praktischen Beispielen aus dem Audience Development- Schwerpunkt „Kulturvermittlung in neuen sozialen Kontexten" von KulturKontakt Austria.

KulturKontakt Austria ist eines der größten österreichischen Kompetenzzentren für kulturelle Bildung, Kulturvermittlung, kulturellen Dialog und Bildungskooperation mit Mittel-, Ost- und Südosteuropa, das im Auftrag des Österreichischen Bundesministeriums für Unterricht, Kunst und Kultur arbeitet. Im Programmbereich „Kulturvermittlung" werden innovative Projekte, Initiativen und Methoden der partizipativen Kunst- und Kulturvermittlung entwickelt, organisiert und finanziell unterstützt:

- an Schulen mit Kindern und Jugendlichen,
- in der Berufsbildung mit Lehrlingen und
- in neuen sozialen Kontexten z.B. mit SeniorInnen, MigrantInnen etc. (Audience Development Programme).

Die Projekte werden in Kooperationen mit KünstlerInnen, Kulturschaffenden, Kunst- und Kultureinrichtungen sowie Sozialeinrichtungen durchgeführt. Kulturvermittlung fördert dabei die aktive Auseinandersetzung von Kindern und Jugendlichen mit zeitgenössischer Kunst, unterstützt gemeinsame Lehr- und Lernprozesse von KünstlerInnen, LehrerInnen und SchülerInnen und verbessert die Qualität der Kommunikation zwischen Kunst- und Kulturschaffenden und ihrem Publikum.

1. Aktuelle kultur- und bildungspolitische Schwerpunktsetzungen in Österreich

Seit Anfang 2007 existiert in Österreich zum ersten Mal seit den 1970er Jahren wieder ein gemeinsames Ministerium für Unterricht, Kunst und Kultur (BMUKK). Über die jeweiligen Kompetenzgrenzen hinweg, besteht nun die Chance, die verschiedenen Aspekte von Bildung, Kunst und Kultur stärker aufeinander zu beziehen und gemeinsame Maßnahmen zu implementieren. In der Regierungserklärung vom 16. Januar 2007 heißt es: „Kunst und Kultur haben in Österreich einen hohen Stellenwert. Die in der Bundesverfassung verankerte Freiheit der Kunst sichert den unterschiedlichen Kunstströmungen und deren Vermittlung offene Wege zu ihrem Publikum. Bestmögliche Rahmenbedingungen sollen die freie Entfaltung und Entwicklung der Künstlerinnen und Künstler ermöglichen. Die Teilhabe möglichst breiter Bevölkerungsschichten an der Wissens- und Informationsgesellschaft des 21. Jahrhunderts betrachten wir als zentrale kulturpolitische Aufgabe. […] Die Bundesregierung will kulturelle Partizipation unterstützen und Maßnahmen zum Ausbau kultureller Bildung setzen. Das bedeutet einerseits mehr Kunst und Kultur an Schulen, und die Entwicklung neuer Formen der Kulturvermittlung gemeinsam mit bestehenden Kultureinrichtungen ‚unter Bedachtnahme auf die bestehenden Ressourcen'. Zudem ist eine qualitative Verbesserung der empirischen Daten im Bereich der kulturellen Partizipation ins Auge gefasst."

Die zuständige Ministerin Schmied möchte die Rahmenbedingungen für kulturelle Bildung, Kulturvermittlung, kulturelle Partizipation und Audience Development nachhaltig verbessern und setzt dazu verschiedene Maßnahmen. Ausgehend von den Empfehlungen aus zwei von ihr beauftragten Studien[1] wurde erstmals eine Stabsstelle „Kulturvermittlung" im BMUKK eingerichtet für die Koordinierung der interdisziplinären Aktivitäten und der Vorbereitung und Umsetzung konkreter Maßnahmen. Kulturvermittlung wird einer der Schwerpunkte der Modellversuche der Neuen Mittelschule (Gesamtschule), sowie in der schulischen Tagesbetreuung und an den Pädagogischen Hochschulen für die Fortbildung von LehrerInnen. Auf Seiten der Kunst- und Kulturagenden wird die Steigerung der kulturellen Partizipation der Bevölkerung und der innovativen Ansätze der Vermittlung in Kunst- und Kultureinrichtungen ein wichtiges Thema. „Kulturinstitutionen, wie die Bundestheater und Bundesmuseen, sollen ihre Verantwortung im Bereich Kulturvermittlung noch stärker wahrnehmen. Der Dialog über die Weiterentwicklung der Bundesmuseenlandschaft hat die Steigerung der kulturellen Partizipation und Kulturvermittlung als zentrales Thema. Die Kunstförderung soll neben der Produktionsförderung von Kunst vermehrt auf Vermittlungstätigkeit wert legen." (Presseaussendung, 6. Dezember 2007, BMUKK)

Im Rahmen der ebenfalls neu begonnenen Reform der Bundesmuseen heißt es weiter: „Wir brauchen eine Debatte über die inhaltliche und strukturelle Zukunft der Bundesmuseen. Es geht um die Konkretisierung und Umsetzung von Kulturpolitik. Museumspolitik ist zu einem hohen Ausmaß Gesellschaftspolitik. Die Bundesmuseen müssen Impulsgeber in einer sich verändernden Welt sein. Aufgabe der Kulturpolitik ist es, die Identifikation, Teilhabe und Inanspruchnahme des Museumsangebots – der *Sammlung Österreich* – durch alle Teile der Bevölkerung anzustreben. […] Die aktive Teilhabe der Bevölkerung an der *Sammlung Österreich* muss noch vor den traditionellen Aufgaben der Museen – sammeln, bewahren, erforschen, präsentieren – an der Spitze der kulturpolitischen Prioritäten und Überlegungen stehen. Deshalb muss die Zukunftsdiskussion der Bundesmuseen unter möglichst breiter Beteiligung der Öffentlichkeit stattfinden." (www.museumsreform.at)

Als erste Schritte wurden die Grundsätze für Förderungen aus Bundesmitteln für Museen um folgende Aspekte erweitert:

- Nachhaltigkeit (Erschließung neuer und benachteiligter Zielgruppen: „Audience Development").
- Besondere Leistungen auf dem Gebiet besucherspezifischer Vermittlungsarbeit und Berücksichtigung spezieller pädagogischer Aspekte (Verbindung von Bildung, Kunst und Kultur: „Kulturelle Bildung").

Als weiterer Schritt wurde die Einführung des freien Eintritts in alle Bundesmuseen für Kinder und Jugendliche unter 18 Jahren angekündigt.

Insgesamt lässt sich feststellen, dass die kultur- und bildungspolitischen Rahmenbedingungen in Österreich für Aktivitäten der Kulturvermittlung, der kulturellen Bildung und des Audience Development so günstig wie seit Jahren nicht mehr sind – ob diese Entwicklung auch nach den Neuwahlen im September 2008 fortgesetzt werden kann, wird sich zeigen.

2. Audience Development Programme von KulturKontakt Austria

Im zweiten Teil des Vortrags wurden die Aktivitäten von KulturKontakt Austria (KKA) zu „Kulturvermittlung in neuen sozialen Kontexten" dargestellt. Dabei geht es um ein Bündel an Maßnahmen zur Steigerung der kulturellen Partizipation von Bevölkerungs- und Publikumsgruppen an den Angeboten von Kunst- und Kultureinrichtungen. Der Fokus dieser Audience Development-Programme liegt dabei auf Projekten, die Bevölkerungsgruppen, die keinen selbstverständlichen Zugang zu (institutionalisierten) kulturellen Aktivitäten haben, zur aktiven Mitwirkung an gesellschaftlich-kulturellen Prozessen motivieren und befähigen (u.a. SeniorInnen, MigrantInnen). Aufgrund der demographischen Entwicklungen in Europa werden diese Bevölkerungsgruppen in Zukunft eine relevante Zielgruppe von Kunst- und Kultureinrichtungen werden. Um diese zu erreichen, vernetzen sich meist Kulturinstitutionen und soziale Einrichtungen. Im Ablauf und Kommunikationsdesign der Vermittlungsprojekte ist ein möglichst hoher Grad an Partizipation der Zielgruppe zu gewährleisten.

Die Angebote von KKA in diesem Feld umfassen:

- Die „Konzeptförderung" unterstützt Projekte in ganz Österreich und in allen Kunst- und Kultursparten, die Aktivitäten des Audience Developments zwischen Kunst- und Kultureinrichtungen und neuen Zielgruppen entwickeln.
- Jährlich wird ein Anerkennungspreis (IRIDA) für bereits realisierte Projekte vergeben, die Kunst- und Kulturinstitutionen dabei

unterstützten, neue Publikumsgruppen für ihre Angebote zu interessieren und sich für Kooperationen mit sozialen Einrichtungen zu öffnen.
- Pilotmodelle mit speziellen Zielgruppen: Seit 2004 entwickelte KKA im Rahmen des Vernetzungsprojekts „Kultur auf Rädern" mit der Zielgruppe SeniorInnen und gemeinsam mit namhaften Kunst- und Kulturinstitutionen, Angebote der kulturellen Bildung für SeniorInnen. Die nächste Schwerpunkt-Zielgruppe für ein Pilotmodell werden Personen mit Migrationshintergrund sein.
- Zur Vernetzung und Information aller InteressentInnen auf diesem Feld führt KKA die im Rahmen des EU-Projekts „ART WORKS – Künstlerische Dienstleistungen im dritten Sektor" entwickelte Homepage www.equal-artworks.at als Wissens- und Informationsplattform mit einer österreichweiten Datenbank über Kooperationen zwischen Kultur- und Sozialbereich weiter.
- Weiter organisiert KKA öffentliche Veranstaltungen, um Modelle und Ansätze in diesem Feld aus anderen europäischen Ländern in Österreich zu präsentieren.

Um zum Abschluss noch einen Einblick in die Praxis zu geben, wurde das Pilotmodell „Kultur auf Rädern" (2004-2007) vorgestellt:

3. „Kultur auf Rädern" – Kulturvermittlung mit SeniorInnen

Wie ist es möglich, nicht mobile SeniorInnen am öffentlichen Kulturleben teilhaben zu lassen? Wenn es „Essen auf Rädern" gibt, dann könnten doch auch Kulturangebote ins Haus geliefert werden, eben „Kultur auf Rädern". KulturKontakt Austria hat mit dieser Idee in den letzten drei Jahren Wege aufgezeigt, wie ein derartiger mobiler Kulturdienst funktionieren kann: „Kultur auf Rädern" ist ein Angebot zur Qualifizierung für SeniorInnen, die mit anderen kulturell aktiv sein wollen. Das Projekt wendete sich an kunst- und kulturinteressierte Menschen im nachberuflichen Leben, die ihre Lebens- und Berufserfahrung für eine ehrenamtliche Tätigkeit nutzen und andere ältere Menschen für kulturelle Aktivitäten begeistern wollen. „Kultur auf Rädern" ist auch ein Angebot zur Vernetzung von Kulturinstitutionen und SeniorInneneinrichtungen und deren Fachkräften für Kulturvermittlung und Animation.

3.1. Keywork als Arbeitsansatz

SeniorInnen haben oft keinen selbstverständlichen rezeptiven oder gar aktiven Zugang zu (institutionalisierter) Kultur, sei es aufgrund ihrer bisherigen Erfahrungen oder wegen der unterschiedlichen Einschränkungen, die das Alter mit sich bringt. Kultureinrichtungen stehen vor der Herausforderung, bisher wenig vertretene BesucherInnengruppen bewusst anzusprechen und zu involvieren. Eine erfolgreiche Strategie ist es, professionelle Ressourcen in den Institutionen mit ehrenamtlichem Engagement von VertreterInnen der Zielgruppe, die erreicht werden soll, zu bündeln (Keyworker).

Keyworker sind beruflich oder ehrenamtlich tätige Personen, die
- nicht an einer Kulturinstitution beschäftigt sind, sondern als Vermittler zwischen der Institution und dem Publikum agieren. Sie verfügen gleichsam über eine Doppelkompetenz: Sie kennen die Kulturinstitutionen und die potenzielle Community, die erreicht werden soll.
- Keyworker leisten einen wichtigen Beitrag im kulturellen Entwicklungsprozess, indem sie Wissen und Können einbringen, über die die Kulturinstitutionen oftmals nicht verfügen, denn sie besitzen Anerkennung in der Zielgruppe.
- Keyworker ermöglichen eine Kontinuität und nehmen dem gewonnenen Publikum die Angst, allein gelassen zu werden.
- Keyworker können mit ihrer Communityarbeit Vermittler sein zwischen Hochkultur und den Gruppen/Gemeinden, die sich ständig verändern; so leiten die Keyworker auch wichtige Veränderungen an die Kulturinstitution weiter, indem sie Ansichten und Ideen von außen in die Institution mit hinein bringen.

Weiter ist zu unterscheiden, ob die Keyworker in ihrer beruflichen Funktion für eine Zielgruppe (MultiplikatorInnen) oder selbst als Angehörige dieser Gruppe agieren. Charakteristisch für die Arbeit der Keyworker ist jedenfalls, dass sie fachliche Voraussetzungen (Wissen und Kenntnis der Kulturvermittlungsarbeit) mit der „Verankerung" in einer spezifischen Personengruppe verknüpfen. Sie besitzen sozusagen den *Schlüssel*, um ihrem eigenen sozialen Umfeld in adäquater *Sprache* und Form kulturelle Inhalte zugänglich zu machen. Dies führt im Idealfall bei den Beteiligten – durch erlebten Respekt und entgegengebrachtes Interesse – auch zu einem „sozialen Wohlfühlen" in der Institution.

Wie bei jedem ehrenamtlichen Engagement ist auch hier besonders wichtig, dass die Keyworker bei ihrer Arbeit von den professionell in den Institutionen agierenden Menschen bestmöglich unterstützt und beraten werden. Mit dem „Keywork-Ansatz" beschreiten Kulturinstitutionen einen partnerschaftlichen Weg in der BesucherInnen-Kommunikation, durch den auch Menschen ohne selbstverständlichen Zugang die Angebote von Kultureinrichtungen wahrnehmen können.

3.2. Ein Schlüssel zur Kultur
Mit bisher drei Seminarreihen unter dem Titel „Kultur auf Rädern" wurden 70 SeniorInnen kostenlos in neue Tätigkeitsbereiche eingeführt. Über abwechslungsreiche, kulturelle Programme lernten die SeniorInnen neue Menschen und Orte kennen. Spezialführungen ermöglichten ihnen einen Blick hinter die Kulissen verschiedener Kultur- und Sozialeinrichtungen. Dabei spannte sich der Bogen von kulturhistorischen Sammlungen über Stadtmuseen bis zu Ausstellungen zeitgenössischer Kunst. Aber auch Theater, Musik und Architektur wurden miteinbezogen. Die SeniorInnen wurden zu „Keyworkern", sie schaffen nun Zugänge und öffnen Türen für ältere Menschen in den vorgestellten kulturellen Institutionen. Im Anschluss an die Seminarreihen unterstütz(t)en ExpertInnen der Kultur- und Sozialeinrichtungen die SeniorInnen, ihre eigenen Ideen umzusetzen: SeniorInnen können eine Brückenfunktion zwischen den Kultureinrichtungen und ihrem eigenen sozialen Umfeld übernehmen, indem sie ältere Menschen begleiten und ermutigen, am kulturellen und sozialen Leben teilzuhaben. Mit ihrem ehrenamtlichen Engagement machen sie selbst neue Erfahrungen und unterstützen gleichzeitig die professionellen Kräfte. Aus den Seminarreihen sind bisher elf Projekte entstanden, die die vielfältigen Interessen der Beteiligten widerspiegeln:

- Eine Fotoausstellung ermöglichte den BewohnerInnen des Pensionisten-Wohnhauses Brigittenau, Wien 20., das Erleben einer Ausstellung der Secession.
- Geschichten wurden im Pensionistenwohnhaus Augarten, Wien 2., erzählt, erfunden und im ZOOM Kindermuseum bearbeitet.
- Im Pensionisten-Wohnhaus Tamariske, Wien 23., entstand ein „Gangmuseum", inspiriert von Besuchen im Museum Moderner Kunst Stiftung Ludwig Wien.

- „Kostüme, Kostüme" wurden in einen Koffer gepackt und mit Unterstützung des Österreichischen Theatermuseums in die Tagesstätte für Senioren des Hilfswerk Niederösterreich – Mödling gebracht.
- Ein „Kulturbesuchsdienst" hat sich im Nachbarschaftszentrum des Wiener Hilfswerk in Meidling etabliert.
- Das Essl Museum und das Stift Klosterneuburg haben drei Kulturkoffer mit Ideen aus den „Kunstfrühstücken" gefüllt, die unter anderem in den Evangelischen Pfarrgemeinden Wien-Innere Stadt, Simmering und Klosterneuburg sowie im Pensionisten-Wohnhaus Augarten, Wien 2., und in der Seniorenresidenz Oberlaa, Wien 10, kursieren.
- Mit organisatorischer Unterstützung des Österreichischen Blinden- und Sehbehindertenverbands wurden Ausstellungsbesuche mit Blinden vorbereitet und durchgeführt.
- Das „Stift im Koffer" war zu Gast in den Pensionisten-Wohnhäusern Gustav Klimt, Wien 14., Föhrenhof, Wien 13., und Rossau, Wien 9., sowie in der Tagesstätte für Senioren des Hilfswerks Niederösterreich – Mödling.
- „Theater von hinten und vorne" wird mit gemeinsamen Theaterbesuchen mit Vor- und Nachbereitung im Pensionisten-Wohnhaus Wieden, Wien 4., geboten.
- Der Verein „Golden Age" entwickelt ein Kultur-mobil-Angebot mit seinen Mitgliedern.
- Die „Wortweberei" in der Sozial-Medizinischen Initiative Rodaun, Wien 23., verbindet eine Schreibwerkstatt mit Besuchen von Kulturinstitutionen.

Die Publikationen „Museen, Keyworker und Lebensbegleitendes Lernen: Gemeinsame Erfahrungen in fünf Ländern" (Hg.:Büro für Kulturvermittlung, Wien 2001) und „Kultur auf Rädern – Kulturvermittlung mit SeniorInnen" (Hg.: KulturKontakt Austria, Wien 2007) können kostenlos bezogen werden: www.kulturkontakt.or.at; ulrike.giessner@kulturkontakt.or.at

Anmerkung

1 *Kulturmonitoring*, Hg.: IFES-Institut, 2007; *Vielfalt und Kooperation – Kulturelle Bildung in Österreich. Strategien für die Zukunft*, Hg.: EDUCULT, Dezember 2007.

BARBARA MEYER

Eine kurze Reflexion über die Notwendigkeit, künftig Kunstvermittlung in konsequente Verhandlungszusammenhänge zu transferieren

Als die Bilder laufen lernten. Mad Movies, USA/GB, 1966/67

Kennen Sie die sagenhafte TV-Sendung aus den sechziger Jahren „Als die Bilder laufen lernten"? – ein Genuss für alle Lachsäcke, Jung und Alt vor dem Fernseher, und gelernt hat man viel, neben dem Lachen. Denn die alten Stummfilme, pianös untermalt und in schwarz/weiss, mit Buster Keaton, Charlie Chaplin, Stan Laurel und Oliver Hardy, zuckelten und ruckelten über die imaginäre Leinwand hinter der dicken runden Bildschirmröhre.

Ich erinnere mich an den fiesen kleinen Polizisten, der immer ein Auge zukniff und das andere empört bis unter den Haaransatz hochzog, wenn Stan und Oli wieder dumme Sachen anstellten. Kurze, eingeblendete Texte in floral geschwungenen Linien gerahmt, brannten uns das unerhörte Flehen des verschmähten Buster Keaton auf die Netzhaut: „Jeane, Jeane, das Gift!" Doch der Schreck hielt sich in Grenzen, denn nach der nächsten, ruppig eingeblendeten Titelzeile fuhr derselbige wieder mit einem klapprigen Fahrrad durch die Regenpfützen und spritze den kleinen aufgeregten Polizisten nass.

„Alles nur gespielt", das wussten wir nun, kleine Dramen und Lacher im Wechsel mit üppigen, fliegenden Sahnetorten, die zuverlässig in jeder Sendung empörte Filmschönheiten trafen, mitten im Gesicht, und langsam abrutschten. Ein absolutes Muss für alle Kinder, dieses Schauspiel nachzustellen. Wie vermittelt? Ganz einfach: in der Unschärfe! Die holprige Montur des Films, das zittrige Flimmern und Hüpfen der Bilder, die minimal verschobenen Anschlusslinien an den Schnittstellen, die ungeschmeidigen Bildübergänge verrieten uns in Kombination mit dem genialen Titel der Sendung, worum's hier geht: diese Filme sind GEMACHT, die Geschichten sind montierte Bilder, eins nach dem anderen, eine Mordsarbeit!

Die besondere Leistung dieses Unterhaltungs- und Vermittlungsformats lag – wahrscheinlich ungewollt – in der Gelassenheit, mit der die Porosität der Oberfläche in Kauf genommen werden musste, denn der technische Standard des Filmschnitts ließ in dieser Zeit wenig Illusionen zu. Und verstehen Sie hier „Oberfläche" ganz generell als komplexe, dichte Kapselschicht, die die Spuren des Produktionsprozesses verschwinden lässt. Die hermetische Verdichtung von „Oberfächen", das by-the-way-Verhindern von Eingriffsmöglichkeiten in verschiedenen (industriellen/gesellschaftlichen/ künstlerischen/kulturellen) Produktionszusammenhängen erschwert Partizipation.

Insbesondere Kindern und Jugendlichen erscheinen die Dinge in ihrer alltäglichen Umgebung rätselhaft und „unknackbar": die Mikrowelle in der Küche, die Musik aus dem MP3-Player, die Berufswelt der Eltern, die Turnschuhe, die Politik, Warmwasser aus der Leitung, der Müsli-Joghurtbecher mit zwei verschweißten Schälchen und integriertem Plastiklöffel. Mirakel über Mirakel. Dies hat Konsequenzen, denn so kann kein kritisches Verhältnis zum Quellenmaterial und zur Bedingtheit des Produzierten gewonnen werden. Das typische Produzenten-Konsumenten-Dilemma wirkt auch in Kunstvermittlungszusammenhängen.

Eine Welt der Kombiangebote stellt die User, das Publikum, unter permanenten Entscheidungszwang, sie sollen – vermeintlich – auswählen, das heißt sich Entscheidungen zu eigenen machen, die vorbereitet sind. Würde man sie, diese arrangierten Entscheidungen, physikalisch verorten, so wären es vielleicht elektronische Synapsen, die aus einem bestimmten vorgelagerten Quantenfeld einen aus der Addition der Elektronen summierten (unweigerlichen) Impuls weiterleiten. Die komplexen Produkte (aus der Industrie, der Medienwelt, der Kultur, etc.) sind also so verarbeitet, dass sie sich nicht oder kaum aufspalten und zerlegen lassen. Dadurch sind sie nicht in der Lage, eine Auskunft zu ihrem inneren Bauplan zu vermitteln, der Umbauten erlaubt.

Ihr So-Sein ist ein Sakrileg: beispielsweise verweigern immer noch viele ethnologische und medizinische Sammlungen eine schmerzhafte Verhandlung ihrer eigenen Sammlungsgeschichte und agieren weiterhin mit borniertem, kolonialem Gestus. Oder denken wir an die zahlreichen städtischen und bezirklichen Museen, die ohne Anschlussstellen inmitten von migrantischen Communities dauerschlafen, oder an die quietschenden Blockbusterausstellungen, wahlweise mit den schönsten Franzosen aus New York, die zwar den Charme eines ständig ausverkauften Innenstadtkinos vermitteln, die aber keine Diskussionen, keine Unsicherheiten zur vermeintlichen Notwendigkeit des Konzepts zulassen.

All das kann man auch einfach ganz sportlich sehen und glauben, dass sich durch engagierte Vermittlung etwas über die Umstände des Zustandekommens der Ereignisse sagen ließe. Doch hier liegt die Crux: Vermittlung arbeitet klassischerweise auf einem Strahlendiagramm, mit einem Absenderpunkt A (dem Anlass, dem Ereignis, der Ausstellung, dem Konzert etc.) auf einem Transportweg nach B, dem Publikum, der Zielgruppe (in einer strategischen Terminologie gesprochen) oder – etwas pietätvoller – mit der Empfängergemeinde, der das gesetzte kulturelle Ereignis als himmlisches Manna präsentiert wird.

Die kritische Auseinandersetzung mit dem sich etablierenden Vermittlungsbegriff drängt sich auf: In diesem Sinne wurden im Kontext der berlinweiten Kampagne „Offensive kulturelle Bildung", lanciert vom Berliner Rat für die Künste, die verschiedenen Ansätze und Konzepte der Kunstvermittlung intensiv auf ihre Statik geprüft und diskutiert: Inwiefern lässt sich ein künstlerischer Prozess, ein statuiertes Objekt innerhalb einer Sammlung beispielsweise oder eine kulturelle Konstellation überhaupt ver-mitteln? Kunstwerke, Dinge, kulturelle „Legierungen" haben ihre Geschichte, sie wurden künstlerisch-experimentell oder normativ gesetzt oder sie haben sich als „Form" in einem langen gesellschaftlichen Prozess verfestigt, im Moment der Begegnung mit dem wahrnehmenden Subjekt sind sie jedoch neu verhandelbar (neu zu positionieren, zu verdecken, wegzuräumen, zu transformieren, zu verkleinern, heranzuzoomen, zu beschwören, neuen „Witterungsverhältnissen" auszusetzen ...) Dort, wo Vermittlung sich in ein Verhandlungsfeld vorwagt, werden Konflikte emanzipatorisch wirksam, hier setzt „reziproke" Bildung ein, die energiereich im besten Sinne „Streitkultur" (den Disput) anzettelt. Eine entwickelte Vermittlungsarbeit wird sich diesem Risiko aussetzen müssen und künftig Verhandlung wagen.

Um die vorangegangenen Überlegungen nun in einem konkreten Handlungsrahmen verorten zu können, möchte ich hierfür Möglichkeiten innerhalb der Kulturprojekte Berlin Gesellschaft aufzeigen und Planungen skizzieren. Vorerst ein kleines Portrait:

Die Arbeit der Kulturprojekte Berlin GmbH im Kontext Kunstvermittlung und kultureller Bildung, Aktivierung von vielfältigen Verhandlungsräumen für Künste und Kultur

Die gemeinnützige Landesgesellschaft Kulturprojekte Berlin GmbH beschäftigt sich seit ihrer Gründung intensiv mit Fragen der Vermittlung und Kommunikation im Kontext des Kunst- und Kulturbetriebes. Diverse Service- und Vermittlungsangebote des ehemaligen Museumspädagogischen Dienstes (MD Berlin) für die Museen bildeten eine ausbaufähige Grundlage für neue Vorhaben der Kulturellen Bildung. Seit dem Sommer 2007 wird die vom Rat für die Künste initiierte „Offensive für Kulturelle Bildung" in der Kulturprojekte Berlin GmbH fortgeführt. Seitdem agiert ein Projektbüro der Kulturprojekte Berlin als Koordinierungsstelle zur berlinweiten Vernetzung aller Akteure, Initiativen und Projekte der kulturellen Bildung.

Insgesamt agiert die Kulturprojekte Berlin GmbH auf drei Feldern:
- als eigenständiger Akteur und Anbieter (z.B. Impulsaktionen, Entwicklung neuer Formate, FührungsNetz, Evaluationsprojekte, Kampagnen),
- als vermittelnder Koordinator (z.B. Vermittlung und Initiierung von Patenschaften) sowie
- als Dienstleister für den Berliner Projektfonds (u.a. Antragsberatung, Beiratsbetreuung, Öffentlichkeitsarbeit).

Zur Umsetzung konkreter Projekte und Programme hat das Berliner Abgeordnetenhaus der Einrichtung des Berliner Projektfonds Kulturelle Bildung bei der Kulturprojekte Berlin GmbH zugestimmt. Seit März 2008 betreuen wir die Geschäftsstelle des neuen Fonds und üben uns im Zuwendungsrecht: nun können explizit Kooperationsprojekte zwischen KünstlerInnen und Kindern, Jugendlichen aus Berliner Bildungseinrichtungen unterstützt werden. Schulen, Kitas oder Jugendfreizeiteinrichtungen beantragen gemeinsam mit KünstlerInnen und ihren Einrichtungen Projektzuschüsse für ihre künstlerisch-ästhetischen Experimente. Bereits im ersten Förderjahr haben sich in Berlin rund ... aller öffentlichen Schulen an den Ausschreibungen beteiligt.

Die Geschäftsstelle ist insbesondere mit Antragsprüfung und Gremienarbeit betraut. Unsere aktuelle Beschäftigung mit dem Format „Projekt" tendiert stark dahin, den Charakter des Einzelprojekts in größeren Zusammenhängen wirken zu lassen, beispielsweise durch die konkrete Verbindung von zwei oder mehreren, sich ergänzenden Projekten oder durch das Vernetzen verschiedener Partner – dies bedingt offene Rahmen und diffusionsfähige Konzeptionen, nicht zuletzt kontaktfreudige ProjektleiterInnen. Die Projekte dürfen nicht wie zufällige Möhrenstücke nebeneinander liegen, auch sollen sie nicht zu zerhackstückten Platzfüllern für den Ganztagsschulbetrieb werden.

Die hier fokussierten Projekte sollen Grenzen zwischen schulischen und außerschulischen Bildungsräumen, zwischen verschiedenen kulturellen Szenen und künstlerischen Sparten, zwischen Generationen und Berlinern unterschiedlicher ethnischer Herkunft und Nachbarschaften überschreiten und einen unkomplizierten Zugang zu den Künsten und kulturellen Angeboten in der Stadt schaffen.

Dabei spielt für Berlin die aktive Initiierung und Programmentwicklung langfristiger Kooperationen zwischen Bildungs- und Kultureinrichtungen eine zentrale Rolle, auch für die Kulturprojekte Berlin GmbH, die die Kooperationen im Auftrag des Landes anstößt und begleitet.

Eine anspruchsvolle Familie wächst in der Stadt: die Patenschaften zwischen Künsten und Schulen

Patenschaften verbinden Schulen mit lebendigen Produktionsorten der Künste – dies war das ausschlaggebende Motiv des Berliner Rats für die Künste, der im Herbst 2006 nach einer kämpferischen Konferenz das Angebot für familiäre Zusammenarbeit zwischen Kunstinstitutionen und Schulen konkretisierte.

Gegen den kontinuierlichen Abbau der künstlerischen Unterrichtsfächer an Schulen sollte in Berlin ein kreatives Kooperationsmodell aktiviert werden. Passionierte künstlerische LeiterInnen und IntendantInnen machten es sich zu ihrer eigenen Aufgabe, die Risiken und Genüsse aus den Künsten direkt in schulische Bildungszusammenhänge zu bringen. Denn Schulen stellen immer noch den einzigen gemeinsamen Bildungsraum für alle Kinder dar. Dieser stülpt sich wie eine Glocke über die unterschiedlichen Elternhäuser und Kiezkulturen, dieser „Großraum" für nachhaltige Kontakte zu den Künsten musste neu gewonnen werden. Umgekehrt sind die Patenschaften durchaus auch für die Entwicklung der Kunst- und Kulturhäuser wichtig, denn gleichzeitig war und ist vielen Kunstschaffenden der Schulalltag sehr fremd. Bisher haben sich rund 50 Schulen mit jeweils einer Berliner Kunsteinrichtung für mindestens drei Jahre verabredet. Sie wollen sich gegenseitig kennenlernen: Lehrer, Intendanten, Schulkinder, Bühnenbildner, Hausmeister, und alle, die noch zur neuen Verwandtschaft gehören, treffen sich regelmäßig – und manchmal in verdrehten Rollen.

Was wird erprobt? Künstlerinnen und Künstler arbeiten im Unterricht mit, in einer Schülerzeitung wird eine Kunstausstellung kritisiert, Jugendliche können in den verschiedenen Werkstätten eines Opernhauses mit anpacken, ab und zu assistieren sie bei Hausveranstaltungen, Orchestermusiker musizieren mit Schülern und ein Bühnentechniker betreut ein Schulfest, auf dem Schulhof wird mit großen Abgussformen aus dem Museumslager experimentiert, neue Berufswelten im Theater, im Museum und im Konzerthaus werden für Jugendliche greifbarer, zum Beispiel durch ein Praktikum in einer künstlerischen Profession. Einige wenige LehrerInnen haben bereits die Bühnen als Probenräume für szenisches Lesen entdeckt – proben heißt intensiv dranbleiben, üben, im Rampenlicht kann man nicht einfach weiterzappen, umschalten, wenn es brenzlig und zum Verwechseln echt wird: Körperpräsenz und ungefilterte Akustik verwickeln die Schülerinnen und Schüler in sinnliche Szenarien, wie sie so nur in der Kunst erlebbar sind.

In unserem Diskussionszusammenhang ist jedoch das wichtigste Moment, dass Kinder und Jugendliche einen lebendigen Kontakt zur professionellen künstlerischen Produktionsumgebung erhalten und fähig werden, diese Kenntnisse und Erfahrungen auf ihre

Bedürfnisse und Fähigkeiten hin anzuwenden, zu interpretieren, zu transformieren, weiterzuentwickeln. Dafür sind die Patenschaften aber kein einfaches – mal eben kurzfristig inszenierbares – Übungsgelände. Sie gedeihen nicht ohne Engagement und Anstrengungen, dies gilt für beide Seiten der Kooperation.

Beratung, Begleitung und Unterstützung der Patenschaften Künste&Schulen

Die Begleitung und Unterstützung der bisher rund 50 Patenschaften in Berlin stellt ein eigenes, großes Organisationsfeld der Kulturprojekte Berlin GmbH dar. Die beiden „Spielfeldhälften": das Aktionsfeld (die 50 Patenschaften) und das Reflektionsfeld (die Begleitforschung) werden von unserem Projektbüro für kulturelle Bildung koordiniert.

Die mobile Betreuungsarbeit wird durch ModeratorInnen (projekterfahrene KünstlerInnen, VermittlerInnen, KulturwissenschaftlerInnen, KulturmanagerInnen) geleistet. Sie verabreden Beratungsgespräche mit den interessierten Schulen und Kunsteinrichtungen. Hier wird gemeinsam ausgelotet, welche Pateneinrichtung entsprechend dem Schul- und Kunsthausprofil verbunden werden soll. Erste Kontakte werden vermittelt und bald starten gemeinsame Aktionen ... Besuche, Workshops, Themenküchen, Wohlfühlabende für Lehrer und Schulleiter zum Beispiel im Theater (konkretes Angebot aus der Patenschaft Maxim-Gorki-Theater und Rütli-Schule). Daneben steht allen Kooperationspaaren ein mobiles Film- und Fotografenteam temporär zur Verfügung, Dokumente werden für Präsentationen und Begleitforschungen aufgearbeitet.

Im Podewil finden für die „Großfamilie" regelmäßige UpDate-Veranstaltungen statt, Meetings für den Austausch in diesem neuen energiereichen Konglomerat. Gleichzeitig organisieren wir gemeinsam Begleitforschung und Weiterbildung, ebenso kleinere Lectures für Diskursfreudige mit dem künstlerisch-wissenschaftlichen Partnerinstitut an der UdK, dem Institut für Kunst im Kontext, das über eine 30-jährige Erfahrung mit Partizipationen in der künstlerischen Praxis verfügt.

Die Begleitforschung der Patenschaften wird von zehn – in ihren beruflichen und biographischen Voraussetzungen sehr unterschiedlichen – „ReisebegleiterInnen" erarbeitet. Die zehn Expertinnen und Experten, die wiederum aus verschieden künstlerischen und pädagogischen/sozialwissenschaftlichen Professionen stammen, fokussieren gemeinsame Forschungsfragen und erstellen eine Art Reisebericht, der Auskunft geben soll

- über die Voraussetzungen und Motivationen der jeweiligen Partner (SchülerInnen, LehrerInnen, SchulleiterInnen, Eltern, Kunstschaffende, Angestellte der Kunsteinrichtungen, KuratorInnen, IntendantInnen, etc.) für die neue Zusammenarbeit. Welche sind ihre individuellen „Investitionen"? Wie verteilen sich die Rollen der agierenden Persönlichkeiten? Wie gerät die Kooperation in Bewegung?;
- über die gemeinsame Entwicklung künstlerisch-experimenteller Praxen (in Abhängigkeit zu jeweiligen Spezifika der Häuser), deren Verhandlung, Vermittlung und Aneignungswege;
- über die gewonnen Prozesserfahrungen der Jugendlichen im Hinblick auf künstlerische Produktionen;
- über das wachsende und pendelnde Veränderungspotential in den beteiligten Institutionen (bezüglich Publikumsansprache, Programmgestaltung, Profilentwicklung, Elternbeteiligung, curricularer Eingriffe);
- über die Verfassung geeigneter kunstkritischer Sprachen für Phänomene und Dinge aus co-laborativen Arbeitszusammenhängen der Kunstvermittlung/Kunstverhandlung, ihre Kompatibilität mit pädagogischen Sprachen/Kontexten;
- über Bedingungen des Erlernens von Kulturtechniken;
- über Transfermöglichkeiten künstlerischer Fragestellungen und ihrer Tentakel in interdisziplinäre Kontexte: über die Ausdehnung künstlerisch-ästhetischer Kommunikation;
- über die Diskussion und Verortung gemeinsamer Arbeitsergebnisse in diffusen, transkulturellen Zonen;
- über die Bedingungen der Zusammenarbeit der verschiedenen Generationen, Professionen und Geschlechter.

Ein nahrhaftes Fragenpaket begleitet also die optimistischen Partner, die sich Patenschaften zumuten. Es zeichnet sich jetzt schon ab, dass ihr gemeinsames Terrain alles andere als eben und gut begehbar ist. Immer neue Strukturprobleme werden zu Stolpersteinen bei der Zusammenarbeit, und es wird notwendig sein, insbesondere auch auf Schulverwaltungsebene über notwendige Veränderungen im Schulbetrieb zu diskutieren und die strukturellen Voraussetzungen für aktive Kontakte zu außerschulischen Partnern weiter zu verbessern.

Lohnen wird es sich allemal, denn neben dem tüchtigen Energieschub, den alle „Verwandten" in den Patenschaften erfahren, werden hier die jeweiligen Betriebsstrukturen und die Produktionszusammenhänge von Kunst, aber auch von Bildung abgebildet – und wie bereits in diesem Text spekuliert, ist das Offenlegen der Baupläne und strukturellen Pattern schließlich unabdingbar für eine konstruktive Verhandlung. Partizipation ist dabei eine nicht zu unterschätzende Herz As-Karte.

„Das Publikum hat ein Recht darauf, nicht angeschmiert zu werden, auch wenn es darauf besteht, angeschmiert zu werden."

Theodor W. Adorno
(1903-1969)

THOMAS SCHMIDT-OTT

Den Hintern mit Subventionen vergolden ...
Audience Development als Kulturmanagementdisziplin
im Orchester

Kultur, Künste und Wissenschaften, so Jens Jessen im Oktober 2008 in der Wochenzeitung „Die Zeit" über die Finanzkrise und ihre Auswirkungen im gesellschaftlichen, kulturellen und politischen Leben der Bundesrepublik Deutschland, würden von der Krise profitieren: „Sie stehen auf einmal, von den Zudringlichkeiten der Ökonomie befreit, in ihrer ursprünglichen Hoheit da und müssen es nicht mehr leiden, dass die häppchenverschmierten Finger der Partygäste aus der Wirtschaft ihren nackten Leib beflecken. Auf lange Zeit werden es die Industrie- und Finanzmagnaten, die ungebetenen Berater und Marketingexperten nicht mehr wagen, den Bühnen, Museen und Universitäten jeden höheren Ehrgeiz auszureden und ihnen peinlichste Beachtung des Marktes zu empfehlen. Die Rede vom Markt hat ihre Autorität verloren, seitdem der Markt selbst dort, wo er zu Hause ist, nicht mehr den Dienst tut, den man ihm andichtete. Gewiss wird es immer schmerzen, wenn ein Buch sich nicht verkauft; aber man wird nicht mehr die Ladenkasse zum Gradmesser der Qualität erklären [...]. Es wird im Gegenteil die Attraktivität der Künste [...] gewaltig steigern, dass ihre Qualitäten durch keine Wirtschaftskrise zu ruinieren sind. Erkenntnis und Schönheit unterliegen nicht dem Gesetz von Angebot und Nachfrage. [...] So hat sich das Blatt gewendet: Nicht die Kunst muss von der Wirtschaft, sondern die Wirtschaft von der Kunst lernen."[1]

Das klingt wie zu Zeiten der Anfänge des Kulturmanagements. Kultur, befreit von „den Zudringlichkeiten der Ökonomie", die Zurückweisung der „ungebetenen Berater und Marketingexperten". Jessen argumentiert wie einst jene, die vor der „Kultur als Ware" und damit vom „Ende der Kunst" mit der „Tendenz, das Bewusstsein des Publikums von allen Seiten zu umstellen und einzufangen", warnten.[2] Dass Kunst ihrer „eigenen Autonomie" abschwöre, sich „stolz unter die Konsumgüter" einreihe[3], wurde von diesen bitter beklagt; Kulturmarketing sei Quatsch[4], wurde im selben Duktus formuliert – zumeist in der Tonalität der Frankfurter

Schule –, wenn es um Fragen der Anwendbarkeit wirtschaftlicher Modelle auf den Kultursektor und seine Institutionen ging, wenn in Sachen Kunst und Kultur vom „Produzenten", vom „Kunden" oder „Konsumenten" und seiner „Nachfrage" die Rede war und nicht vom Künstler, vom Betrachter und dessen Kontemplation.

Bis heute, Jessen belegt es, bestehen Berührungsängste zwischen künstlerischen und marktorientierten, (publikums-)strategischen Überlegungen; bis heute ist die Forderung nach mehr Nähe zum Publikum in der Kultur mit der Angst einer vermeintlichen Verflachung, einer Kommerzialisierung verbunden. Von „McDonaldisierung" und von „Disneylandisierung" der Künste ist die Rede[5] oder von der Ladenkasse als offenbar falschem „Gradmesser der Qualität". Denn: was der Kultur volle Säle beschert, erscheint per se fragwürdig – so auch jüngst Udo Kittelmann zum Amtsantritt als Direktor der Nationalgalerie in Berlin (2008): „Ginge man ... nach der Quote, würde man sich auf Dauer dem jeweils herrschenden Mainstream aussetzen, was einherginge mit dem Verlust inhaltlicher Substanz. Das ist für mich nicht die Aufgabe einer öffentlichen Kulturinstitution. Damit wäre der Bildungsauftrag nicht mehr erfüllt. Das wäre dann so, als würde man in der Schule keinen Goethe mehr lesen, weil die Nachfrage danach nicht mehr gegeben ist. Wo kämen wir denn da hin?"[6]

Doch: Wie fern wird hier vom angeführten Goethe argumentiert, der, bezogen auf Theaterführung, sehr wohl die Quote im Blickfeld hatte und einer Subventionierung öffentlicher Häuser gar zurückhaltend gegenüberstand, ja den Publikumserfolg des Theatermannes mit der Idee eines Bonus' verband: „…wenn der Direktor mit seinen Regisseuren durch eine kluge und energische Leitung es dahin bringt, daß die Kasse am Ende des Jahres einen Überschuß hat, so soll von diesem Überschuß dem Direktor, den Regisseuren und den vorzüglichsten Mitgliedern der Bühne eine Remuneration zuteil werden. Da solltet Ihr einmal sehen, wie es sich regen und wie die Anstalt aus dem Halbschlafe, in welchen sie nach und nach geraten muß, erwachen würde."[7]

Haben, induziert durch die Finanzkrise des Jahres 2008 ff., jene obsiegt, die á la Jessen, direkt oder indirekt, nach mehr Staat, respektive mehr staatlicher Förderung in der Kultur rufen? Übersieht nicht dieser Ruf, dass auch staatliche Verwaltungsapparaturen kapitalistischer Logik folgen, folgen müssen? Die „verwaltete Welt" Adornos und Horkheimers misst mit Planung und Kalkulation, schematisierten Verfahren und standardisierten Vorgängen das Verwaltete in der Kulturverwaltung: die Kunst, und das anhand von Normen, die der Sache nicht eigen sein können. Jessens Vorstellung, dass Kunst und Kultur, durch die Krise scheinbar „von den Zudringlichkeiten der Ökonomie befreit", sich unter staatlicher Fürsorge der Marktlogik entziehen könne, wirkt antiquiert. Vielmehr entfallen ohne die genannten „Industrie- und Finanzmagnaten" dem kulturellen Leben zentrale Einnahmequellen: „Zahlreiche Kulturprojekte und -Initiativen [...] berichten, dass Förderungen für Projekte und Veranstaltungen unter Hinweis auf die Rezession abgelehnt, wie auch, dass die Budgets von Nachhaltigkeits- und CSR-Abteilungen [...] drastisch gekürzt werden."[8]

Schlimmer noch, der Staat steht am Rande seiner Möglichkeiten: „Irgendwann ist Zahltag", titelt der „Spiegel" (am 26.1.2009): „Die Rettungspakete für die Wirtschaft werden stetig teurer. Sie drohen viele Länder finanziell zu überfordern." Und die „Frankfurter Allgemeine Zeitung" kommentiert: „Man muss kein Pessimist sein, um sich vorzustellen, wie stark die Kürzungen der nächsten Jahre ausfallen könnten. Dann müsste man zwangsläufig die Frage noch einmal ganz neu stellen, auf welchen Säulen die Kulturfinanzierung hierzulande ruhen beziehungsweise wanken soll. [...] welches Szenario wird sich abzeichnen, wenn abzusehen ist, in welchem Ausmaß auch Kulturinstitutionen, Stiftungen und private Mäzene Verluste auf dem Finanzmarkt erlitten haben? [...] Viele gestern noch sprudelnde Geldquellen werden vielleicht bald nur noch tröpfeln. Niemand weiß, wie Sponsoren, Freundeskreise von Opernhäusern und Kunstmuseen sowie private Mäzene sich in einer Krise verhalten werden, deren Ausmaß immer noch nicht erkennbar ist. Müsste, wenn vieles wegzubrechen droht, nicht die öffentliche Hand energisch gegensteuern? ‚Natürlich [so Krull, Generalsekretär der Volkswagen Stiftung] wäre das antizyklische Agieren jetzt genau das richtige, aber Kulturpolitiker haben es sehr schwer, in Krisensituationen zusätzliche Mittel loszueisen. Das können Wirtschafts- und Verkehrspolitiker besser.'"[9]

Die Rezession stürzt die Weltwirtschaft in eine existenzielle Krise, und sie stellt infrage, was uns Jahrzehnte geprägt hat, freie Märkte, Globalisierung und Demokratisierung. Dass mit der „Krise des Kapitalismus" („Süddeutsche Zeitung" vom 19.11.2008) nun auch im Kulturbetrieb jene Entwicklung im Verständnis Jessens zurückgedreht wird, die in den letzten Jahren zunehmend nach mehr institutioneller Wirtschaftlichkeit rief – nach Marketing, Evaluierung, Benchmarking und der Erarbeitung institutioneller Qualitätskriterien auch hinsichtlich Angebot und Nachfrage, ist wenig wahrscheinlich. Näher kommt der Situation wohl weitaus eher Claus Peymanns Diktum über guten Fußball: „Otto Rehhagel sagt: Guter Fußball ist, wenn man gewinnt. Ich sage: Gutes Theater ist ein ausverkauftes Theater. Am liebsten würde ich jeden Tag Bilanz ziehen. Ich spüre einen gewaltigen Rechtfertigungsdruck gegenüber den Steuerzahlern, von denen unser Theater viel Geld bekommt – und die zum allergrößten Teil selbst nie ins Theater gehen. Anderen Intendanten ist das schnurz, die lassen sich den Hintern mit Subventionen vergolden und wenn sie scheitern, kassieren Sie dicke Abfindungen [...] Das finde ich widerwärtig. Allen sollte doch klar sein: das Theater steht nicht mehr im Mittelpunkt, deshalb müssen wir uns stärker rechtfertigen. [...] ich bin der Berliner ‚Quotenkönig'[...]. Ich fordere Bilanzzahlen von allen!"[10]

Audience Development (AD) sucht nach Möglichkeiten, Bilanzzahlen im Sinne Peymanns zu optimieren. Es will mehr, als der Kunst in gebührendem Abstand zu folgen: Es will den scheinbaren Widerspruch zwischen „Kultur als Ware" – ihrer „eigenen Autonomie" beraubt – und „Quote" auflösen, will teilhaben, eingebunden sein, sich einmischen in Programmfragen, Dramaturgien, Besetzungen, Veranstaltungsformen, Kommunikationsprozesse etc., – und dies immer mit dem Ziel, der Kunst und Kultur neue Publika zu erschließen, bestehende Publika zu binden, verlorene Publika zurückzugewinnen. Ökonomiekritikern wie Jessen, die die Kultur nicht dem Gesetz von Angebot und Nachfrage ausgesetzt sehen wollen, macht sich Peymann mit dem zitierten Ansatz unmöglich – aber: er propagiert ein Anliegen, wie es die Theorie des AD nicht pointierter formulieren kann: „[...] changing the structure and composition of audiences to achieve democratic participation in the arts and to engender greater levels of trust and commitment (loyalty) among existing and fledgling audience groups. Decisions concerning audience development priorities and approaches are inevitably complex, requiring practitioners to balance their personal philosophies against a myriad of other factors including government cultural policy, the organisational context and objectives and existing patterns of participation."[11] „[…] encouraging and assisting an audience member to become increasingly more involved in the life of an arts institution. The goal is to build a loyal and committed audience with an appetite for adventure. The system must provide people with the opportunity to learn about the art form and increase their commitment to the organization at a natural, gradual pace. People learn and grow by layering one new experience on top of another. Eventually they develop a depth of understanding that allows them to open up to new and strange ideas, situations and environments. They begin to alter their perceptions, to develop new insights, to grow and change. New discoveries and new adventures stimulate their sense of curiosity, their desire to explore and discover further."[12]

Audience Development ist keine neue Disziplin: „There's nothing new about audience development – you've probably been doing it for years without realising it, persuading people who are already involved in the arts in some way or people who have never attended an arts event at all to give your particular activity a try. It's integral to effective marketing. Any self-respecting marketer will be constantly thinking about 'developing' their audience, their customer base."[13]

Der Neuigkeitsgrad des AD ist letztlich auch nicht relevant; reizvoll ist vielmehr das Potential der Disziplin, dem Kulturmanagement und Kulturmarketing neue Impulse zu geben. Denn Audience Development will vor allem eines: Volle Konzert- und Theatersäle, volle Opernhäuser, volle Museen, und das alles auf der Basis ebenso nachhaltiger wie nachgefragter Kulturangebote. Es will – mit Goethe formuliert – die „Masse" sehen, „[…] die sich im Strom nach unsrer Bude drängt, / Und mit gewaltig wiederholten Wehen, / Sich durch die enge Gnadenpforte zwängt, / Bei hellem Tage, schon vor vieren, / Mit Stößen sich bis an die Kasse ficht. / Und, wie in Hungersnot um Brot an Bäckertüren, / Um ein Billet sich fast die Hälse bricht."

Um es anhand des Orchesterbereichs zu verdeutlichen: Sind wir uns über unsere persönlichen Einstellungen zu den Besuchern unserer Konzerte im Klaren? Haben wir in unseren Klangkörpern über eine gemeinsam abgestimmte Umgangsformen unserer Mitarbeiter in Administration, Vertrieb und Künstlerischer Produktion mit unseren Publika diskutiert? Verfügen unsere Orchester und Chöre über Leitbilder, in denen Strategien, Ziele und Richtlinien für den Umgang mit unseren Publika festgesetzt sind? Gibt es im Marketing und Vertrieb unserer Klangkörper eine für Besucherfragen verantwortliche Stelle bzw. eine Person, die zu allen künstlerischen Diskussionen immer auch Themen der Besucherorientierung einbringen kann? Hat in unseren Klangkörpern einmal ein systematischer Austausch darüber stattgefunden, welche Aspekte rund um die Besucher für einzelne Berufsgruppen im Orchester- und Chorbetrieb interessant sind? Funktionieren die Informationskanäle innerhalb unseres Managements zu den Mitarbeitern im Besucherkontakt reibungslos? Oder wissen die Verantwortlichen an den Schnittstellen zum Publikum oft wenig Bescheid und können somit die Besucher strategisch nur unzureichend beraten? Werden in unserem Orchester, unserem Chor – auch in der Künstlerischen Planung – die Erfahrungen und Beobachtungen des Marketing ernst genommen und diskutiert?

Die meisten Antworten auf Fragen wie diese können nicht wirklich befriedigen; zumindest werden sie kaum je aufgrund valider Analysen gegeben, sondern bestenfalls auf der Basis von Bauchgefühlen, die aus dem Umgang mit der Branche, mit den bestehenden Publika über die Jahre hinweg gewachsen waren. Die Praxis der musikalischen Arbeit und des Orchester- und Chormanagements – neben der Kunst die tägliche Beschäftigung mit Geldern, Engagements, Tourneen, Rundfunkproduktionen, Spielplänen, Tarifverträgen etc. – lassen einer konsequenten Übung des Themas AD, einer Ausrichtung des institutionellen Angebots nach Maßgabe der Publikumsorientierung, keine Chance.

Das deutsche Orchestersystem funktioniert normativ, dies sei an dieser Stelle vermerkt, nur partiell nach Grundsätzen des AD. Angebote der Orchester, ihre Spielpläne und Abendprogramme sowie deren Besetzungen sind zumeist ein Mix aus chef- und/oder gastdirigentischen Repertoirevorlieben, aus spezifischen Kompetenzen, kulturellen Aufträgen, institutionell/individuellen, intuitiven Überzeugungen und (Dramaturgen-)Empfehlungen, aus Gewohnheiten, Bequemlichkeiten und Tradition, aus Zurückhaltung gegenüber Neuem, Experiment und Innovation, aus Freundschaften, Gegengeschäften und Verfügbarkeiten (Solisten, Dirigenten, Säle etc.), Rücksichtnahmen (z.B. auf Tourneeveranstalter, Agenturen und Tonträgerfirmen), aus tarifvertraglichen und budgetären Reglements, (Kultur- und Bildungs-)Politik u.v.a.

Keine Frage: in dieser Melange des Konzertbetriebsalltags wird natürlich ans ‚Audience' (das Publikum), respektive sein ‚Development' (seine qualitative und quantitative Entwicklung) gedacht – „you've probably been doing it for years" (s.o.) – und das nicht selten. Gerne auch werden dann terminlich, programmatisch, besetzungstechnisch induzierte Entscheidungen als publikumsorientiert etikettiert, jedoch: der Betrieb wird viel zu wenig um das Publikum, den Zuhörer, Zuschauer, Kunden und Besucher herum gebaut, basiert zu wenig auf einer umfassenden Besucher- und Nicht-Besucherforschung, ist nicht nachfrage- sondern angebotsorientiert.

Wer Kundenschnittstellen US-amerikanischer Orchester mit denen deutscher Partnerinstitutionen vergleicht, findet gegenüber dem US-Prototypen mit Personalausstattungen (wie: Marketing and Customer Relations: Director of Marketing, Assistant Director, Marketing Services, 2 Web Producer, Assistant Director, New Media and Database Marketing, Director of Group Sales, Jr. Group Sales Assistant, Director of Customer Relations, Customer Relations Manager, Sales Associate, Ticketing Systems Administrator, drei Customer Relations Representatives, Customer Relations Supervisor; Educational Activities, Director of Education, Director of In-School Programs, Education Manager, Education Assistant, Administrative Assistant) in Deutschland keine ähnlich bestückten Abteilungen. AD erfordert manpower. Es verwundert daher wenig, dass die Deutsche Orchestervereinigung (DOV) die Strukturen vieler Opernhäuser und Orchester für reformbedürftig hält: „Der Blick in die Organigramme vieler Musiktheater muss einen nachdenklich machen. Da wird Presse- und Öffentlichkeitsarbeit nebenbei von Dramaturgen erledigt; Kartenverkauf, Abonnementsabteilung und Werbung arbeiten nebeneinander her", klagt Gerald Mertens, Geschäftsführer der DOV, auf der hauseigenen Homepage.

„Dabei muss das Rad nicht neu erfunden werden; es geht lediglich darum, die vorhandenen Strukturen neu zu gliedern und zu optimieren. Die Einführung effizienter Marketing-Strukturen in den Theater und Orchestern ist mit ein entscheidender Schritt, um die öffentliche Wahrnehmung und Vernetzung der Häuser in ihrem Umfeld zu verbessern. Tolle künstlerische Leistungen zu erbringen, ist nur die halbe Miete; in Konkurrenz mit immer mehr Freizeitangeboten muss auch beim Marketing nachgelegt werden."[14] An anderem Ort führt Mertens aus: „Besucherforschung im Konzert- und Orchesterbereich ist meistens eine Lachnummer. Kaum ein Orchester betreibt das nachhaltig. Der Normalfall sieht so aus: Ein Intendant fängt in einem Laden neu an und ändert als Erstes das Logo, die Corporate Identity, die Programmhefte, die Plakatgrafik, die Konzertformate, den gesamten Markenauftritt. Niemand käme bei DaimlerChrysler auf die Idee, den Mercedes-Stern neu zu erfinden, weil dem neuen Vorstandsvorsitzenden ein anderes Logo besser gefällt. Doch in den Opern macht man das bei jedem Intendantenwechsel. Für die Markenpflege ist das tödlich."

Mertens Fazit: „In vielen Häusern pflegt man immer noch die Haltung ‚Wir machen Kunst, da braucht man kein Marketing'."[15] Entsprechend gestaltet sich die Situation im Publikum des deutschen Konzertbetriebs: „Zahlreiche Veranstalter von Konzerten mit als ‚klassisch' betitelter Musik sowie die zugehörigen Konzertorte", so das Marktforschungsinstitut Prognos 2006 im Auftrag des Baseler Sinfonieorchesters, „haben mit einer allmählich deutlicher werdenden Veränderung und Verringerung ihres Publikums zu kämpfen. In Zeiten knapper Kassen unterliegen nahezu alle Kulturformen und -einrichtungen einem Rechtfertigungszwang für die öffentliche Förderung. In diesem Zusammenhang wird häufig auch die für ein funktionierendes Kultur- und Musikangebot notwendige Infrastruktur auf den Prüfstand gestellt – aus welchen Rationalitäten und mit welchem dahinterstehenden Sachverstand auch immer. Vor diesem Hintergrund gewinnen die Fragen nach der Beziehung zwischen Konzertveranstaltungen und ihrem Publikum an Aktualität und Dringlichkeit."[16]

Audience Development im Verständnis eines Kultur und Wirtschaft verbindenden Handelns schließt an die Entwicklung der for-profit-Managementforschung und –praxis hin zu mehr Kundennähe und -

bindung an und stellt einen vorläufigen Höhepunkt des Kulturmarketing dar. Der Bedeutungszuwachs des AD geht einher mit dem Wandel des transaktionsorientierten Marketing in der Wirtschaft zu verstärkter Beziehungsorientierung im Customer Relationship Management (CRM):

- Customer: der Aufbau einer engen Beziehung zu bestehenden und potentiellen Kunden als Fokus aller Unternehmensaktivitäten;
- Relationship: die individuelle Behandlung von bestehenden und potentiellen Kunden als Schlüssel zukünftiger Erfolge;
- Management: die Fähigkeit, alle Interaktionen mit bestehenden und potentiellen Kunden über alle organisatorischen Grenzen hinweg kontinuierlich zu koordinieren.[17]

Anliegen des AD ist – kulturinstitutionell übergreifend –, die Publikums-, Besucher-, Zuhörer-, Kundenbeziehung als zentralen Wert einer Institution zu verstehen und zu leben, und dies in einem Umfeld, in dem bisher „[…] nahezu ausschließlich das eigene künstlerische Produkt, die eigene Kulturorganisation, der eigene Kulturbetrieb im Mittelpunkt des Interesses und der Aufmerksamkeit, [steht] und dem Besucher, viel zu wenig Beachtung geschenkt [wird]".[18]

Audience Development ist inhaltlich jedoch nicht allein auf Publikums-Beziehungen begrenzt, sondern versteht sich als gesamtbetrieblich, normativ, indem es sich auf die Beziehungen zu allen Anspruchsgruppen – Trägern, Wettbewerbern, Drittinstitutionen und auf institutionsinterne Beziehungen – ausdehnt. Bei konsequenter Realisierung hat AD eine Veränderung der innerbetrieblichen Prozesse und Schnittstellen, der künstlerischen Planung und eingesetzten Management-Methoden zur Folge, „[…] um das Ziel der strikten Kundenorientierung tatsächlich realisieren zu können".[19] AD im Orchesterkontext ist somit kein einzelnes Projekt, keine solitäre Konzertreihe, kein Jugendprogramm oder singulärer Publikumsevent, sondern eine umfassende künstlerisch-strategische Neuorientierung, die die gesamte Institution umfasst. Wie Hippner/Wilde[20] es für das CRM konstatieren gilt auch für AD die Reorganisation von Institutionen, um Publikumsorientierung wirksam zu implementieren. AD wird somit als Strategie verstanden, „[…] deren Implementierung in einem kontinuierlichen organisatorischen Lernprozess abläuft. [...] Voraussetzung für diesen Lernprozess ist neben weiteren Kernkompetenzen im Bereich [kulturellen] Geschäftsprozessoptimierung und Change Management die intensive IT-Unterstützung durch leistungsfähige [...] Systeme."[21] Nur die Zusammenführung aller kundenbezogenen Informationen und Synchronisation aller Kommunikationskanäle einer Institution „[...] erlauben eine ganzheitliche Abbildung des Kunden (‚One face of the Customer') und somit auch eine abgestimmte Kundenansprache (‚One face to the customer')."[22]

Drei Aktionsbereiche prägen demnach AD-spezifische Maßnahmen im Orchester: 1. die möglichst treffsichere Neukundenakquisition (neue Zuhörer, neue Besucher, neue Publika), 2. die Intensivierung der bestehenden Kunden-/Publikumsbindung, sowie 3. (und dieses unterscheidet den Ansatz des AD von der pädagogisch motivierten Musik- und/oder Konzertvermittlung) die Erhöhung der Profitabilität bestehender Kundenbeziehungen (Publikumspotenziale ausschöpfen).[23] Nachfolgende Abbildung stellt diese Aktionsbereiche grafisch dar:

Aktionsbereiche des Audience Development

Da die Gewinnung neuer Besucher in den heutigen gesättigten Konzert-Märkten nur begrenzt möglich ist, gilt es im ökonomisch orientierten Ansatz des Audience Development im Orchestermanagement „in der Erhöhung der Transaktionseffektivität [mit den Konzertpublika] [...] Potentiale der Gewinnmaximierung", d.h. der Ertragssteigerung zu finden.[24] Dies bedeutet u.a. eine Verschiebung von der produkt- (= konzert-) hin zu einer prozessbezogenen Sichtweise der Beziehung zwischen Orchester und seinen Besuchern. AD propagiert daher im Kontext der Intensivierung musikvermittelnder/inhaltlicher Aktivitäten eine Verlagerung des zeitlichen Schwerpunkts des (bisherigen) Marketing von der Vorverkaufs-, d.h. der Konzertwerbungsphase auf die Besuchs- und Nachbesuchsphase.

Ob dies als Paradigmenwechsel im Kulturmarketing zu werten ist, bleibt abzuwarten. Dagegen kann argumentiert werden, dass es sich beim AD nicht um einen neuen Kulturmanagementansatz, sondern vielmehr um die stärkere Betonung einzelner Facetten der klassischen Produkt- oder Kommunikationspolitik handele, die schon im Rahmen des früheren Kulturmarketing eine Rolle spielten. Der Verfasser sieht im AD jedoch einen Paradigmenwechsel, der zur Ablösung des traditionellen Kulturmarketingverständnisses führt. Das paradigmatisch Neue dabei ist, dass das Publikum wirklich in den Mittelpunkt der kulturellen Leistungserstellung rückt (aufbau- und ablauforganisationsspezifisch), bereits in der künstlerischen Planung zur Prämisse wird und nicht erst in der Vertriebs- bzw. Aufführungsphase.

Während bis heute viele Orchester ihre Besucher als mehr oder weniger anonyme Masse sehen, die – von wenigen Beziehungen zu treuen Abonnenten abgesehen – allenfalls mit Segmentierungstechniken in kleinere Cluster unterteilt werden, erachtet Audience Development die individuelle Beziehung zwischen Institution und Publikum vergleichbar dem CRM als zentralen Erfolgsfaktor: „Wirkliche Kundenbindung kann [...] nur geschaffen werden, wenn nicht eine Gruppe von vermeintlich homogenen Abnehmern, sondern jeder einzelne Kunde selbst mit seinen individuellen Wünschen und Bedürfnissen im Mittelpunkt der Marktbearbeitung steht. Nur Unternehmen, die mit ihren Kunden interagieren, von diesen lernen und so ihre Produkte ganz genau auf den einzelnen Kunden ausrichten, können diesem Trend entgegensteuern."[25]

Audience Development ist als ein zielorientiertes System zu verstehen, „[…] the result of [which] will be a long-term investment in the stability and sustainability of […] cultural organizations as they increase their earned income from ticket and membership sales and deepen and diversify their base of support."[26] Im Zentrum des AD wird mit der Verknüpfung eines „broadening, deepening and diversifying" des Kulturerlebnisses sowie des „increase earned income from ticket and membership sales" das Formalziel ‚Steigerung von Publikumswerten' gesehen, das hinsichtlich anderer kulturinstitutioneller Zieldimensionen zu konkretisieren ist.

Hauptziel des AD im Orchester muss sein, durch Ausrichtung aller relevanten Orchesterprozesse auf mögliche Publikumsbedürfnisse, die Zufriedenheit und somit den Kontakt und die Bindung der Besucher zu erhöhen – und dadurch eine Steigerung des Ertrags und des institutionellen Werts zu erreichen. Sieben Kategorien von AD-Zielen lassen sich in diesem Sinne kategorisieren:

Publikumsbezogene Ziele
- Individuelle Ansprache
- Steigerung der Besucherzufriedenheit
- Erhöhung der Publikumsbindung
- Erkennung von Musik-/Besuchertrends
- Imageverbesserung
- Erhöhung der Wiederkauf-/besuchsrate
- Höhere Leistungs- und Gestaltungstransparenz
- Erhöhung des Cross Selling im Spielplan/ Merchandisingangebot
- Reaktivierung von Altkunden
- Generierung von Neukunden

Informationstechnologische Ziele
- Aufbau einer umfassenden Datenbank
- Erweiterte Datenanalysemöglichkeiten (div. Publikumssegmente)
- Verbesserung der Datenqualität
- Erleichterte Datenpflege
- Besserer Datenaustausch
- Verbesserte Datenerfassung für treffsicheres Direktmarketing

Prozessorientierte Ziele
    Erweiterung und Koordination der Publikumsschnittstellen
    Verbesserte Erfolgskontrolle
    Effizientere Planung der Publikumskontaktbereiche
    Schnellere und gezieltere Prozessabwicklung
    Vereinfachte Termin- und Aktivitätenverwaltung
    Entlastung von Administrations- und Routineaufgaben

Strategische Ziele
    Vermittlungs- und Kulturelle Bildungsziele
    Profitabilitätsziele (Auslastung)
    Differenzierung von Produkt und Dienstleistungen
    Langfristigkeit
    Integration

Produktpolitische Ziele
    Akzeptanz- und Legitimationsziele

Finanzielle Ziele
    s.o.: Profitabilitätsziele (Auslastung)

Preispolitische Ziele
    Geringere Preissensibilität.
    Aber zugleich: Preisnachlässe, Treueprämien,
    spezifische Investitionen

Qualitative und quantitative Beziehungserfolge sind somit Primärziele des Audience Development, Ziele, die ökonomische und nichtökonomische/künstlerische, messbare und nicht-messbare Größen miteinander vereinen. Sie basieren auf der Ergiebigkeit von Publikumsbeziehungen im Sinne von Vermittlungs- und/oder Bildungs- und Unterhaltungserfolgen auf der einen und einer Ausschöpfung des Publikumspotenzials bzw. einer Optimierung der Publikumsdurchdringung auf der anderen Seite.[27]

Beziehungserfolge hängen von der Beziehungssicherheit ab, d.h. der Kontinuität der Beziehung. Sie generieren sich aus Publikumsnähe, -integration, -zufriedenheit, -bindung und -treue. In Anlehnung an Schumacher/Meyer[28] lässt sich dies in folgendem grafischen Zusammenhang darstellen:

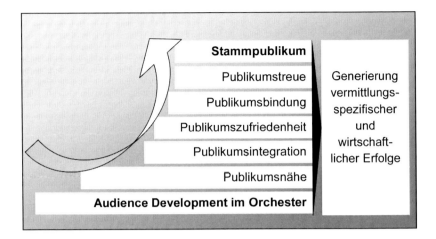

Optimierung der Publikumsdurchdringung

Die Ausgestaltung von Publikumsbeziehungen im Rahmen des AD kann durch Prinzipien wie „Publikumswertorientierung", „Publikumsbedürfnisorientierte Interaktion", „Publikumsintegration" und „Publikumsnutzenorientierte Leistungsbündel" für das Orchestermanagement differenziert werden:

Ausgestaltung von Publikumsbeziehungen

Publikumswertorientierung: Die Knappheit seiner Ressourcen fordert vom Orchestermanagement die bewusste Selektion langfristig aussichtsreicher und ökonomisch attraktiver Publikumsbeziehungen (z.B. durch Publikumsportfolioanalysen) sowie die Priorisierung beziehungswertspezifischer Investitionen (z.B. Kosten für AD-Maßnahmen). Dies gilt zum einen für die Bindung existierender Kunden (Abonnenten) und zum anderen für die Akquisition potentieller Neukunden.

Publikumsintegration: AD verfolgt sowohl die intensivierte Einbringung des individuellen Besuchers, Zuhörers, Zuschauers in den Prozess der kulturellen Leistungserstellung wie auch die Einbringung des Orchesters in die Lebenswelt seiner Besucher. Die Bandbreite möglicher Aktivitäten reicht von der Individualisierung angebotener Leistungen durch „Vermittlungskunst", das heißt: die Einbindung der Besucher in künstlerische Produktionen, über Publikumskonferenzen bis hin zur gemeinsamen Leistungserstellung (á la „Rhythm is it").

Publikumsbedürfnisorientierte Interaktion ist die Vertiefung und Festigung von Beziehungen mit Hilfe direkter und intensiver Publikumskontakte z.B. im Rahmen des Dialogmarketing. Ziel des AD ist dabei immer auch, dem Publikum, den Besuchern die Plattform für Eigeninitiativen zu schaffen (the customer as co-producer: vgl. Gummesson, 1987, S. 13). Notwendig für den Erfolg ist die Gestaltung der Interaktionen hinsichtlich Art, Umfang und Inhalt nach den spezifischen Publikums(segment-)bedürfnissen.[29]

Publikumsnutzenorientierte Leistungsbündel: Als wohl wichtigstes Prinzip des AD ist die Individualisierung der Marketingbemühungen auf die spezifischen Bedürfnisse einzelner Besucher zu nennen. Dazu gehören traditionelle Bereiche der Produktpolitik, produktbegleitenden Kern- und Zusatz-Dienstleistungen (Value-Added-Services) und die Preis- und Konditionsgestaltung. Ihr Mix sollte eine individuelle Ausgestaltung in Abhängigkeit von zielpersonen- bzw. gruppenspezifischen Präferenzen ermöglichen, um den höchstmöglichen Kundennutzen zu generieren.

Die Intensität der Beziehungen zwischen einem Orchester und seinem Publikum/seinen Besuchern lässt sich dabei anhand dreier Konstrukte wiedergeben:
1. Psychologische Indikatoren markieren die Qualität der Beziehung aus Publikumssicht, das Vertrauen der Besucher in das Leitungsangebot des Orchesters; 2. verhaltensbezogene Indikatoren widerspiegeln das Kaufverhalten (z.B. Kauf- bzw. Besuchsfrequenz), das Informationsverhalten (z.B. Grad der Suche nach Information über Wettbewerbsleistungen), das Integrationsverhalten (z.B. durch Offenlegung von für die Leistungserstellung relevanten Merkmalen), und das Kommunikationsverhalten (z.B. Mund-zu-Mund-Kommunikation über den Anbieter); 3. ökonomische Indikatoren informieren in statischer Hinsicht über den Kundendeckungsbeitrag und in dynamischer Hinsicht über den Kundenwert.[30]

Publikumsbeziehungen sind über die Zeit hinweg betrachtet nicht konstant, verändern sich hinsichtlich ihrer Intensität und lassen sich in Kernphasen unterteilen:
1. Die *Akquisitionsphase* bezeichnet die Aufnahme der Beziehung zwischen Anbieter und Nachfrager, zwischen Orchester und Erstbesucher. Während der Anbahnungsphase lernt eine spezifische Zielgruppe die Institution kennen. Die Anbahnung führt zur Sozialisation, in der Besucher erste Erfahrungen mit der Leistung des Anbieters sammeln und das Orchester erste Informationen über seine neuen Besucher gewinnt. 2. Die *Publikumsbindungsphase* ist gekennzeichnet durch eine Intensivierung dieser Beziehung. In ihrer Wachstumsphase steigt – im Erfolgsfall – die Leistungsnutzung durch den Besucher. In der Reifephase können dann Potenziale des Besuchers ausgeschöpft werden. Schließlich tritt 3. eine *Rückgewinnungsphase* ein, die auf die Beendigung von Beziehungen durch den Besucher folgt und in Gefährdungsphase, Auflösungsphase sowie Abstinenzphase unterteilt werden kann.[31]

In jeder einzelnen dieser Phasen lassen sich unterschiedliche Bedürfnisse, Anforderungen und auch unterschiedlich ausgeprägte Beziehungen zwischen Orchester und Publika feststellen. AD-Konzepte müssen daher alle Phasen dieser Lebenszyklen abdecken. Grundlage eines konsequenten AD-Prozesses ist daher ein strategisches Konzept, das spezifiziert, was mit welchen Besuchern durch welche Maßnahmen über welchen Zeitraum erreicht werden soll. Strukturiert man dieses Strategieprogramm entlang des skizzierten Lebenszyklus, so lassen sich in Anlehnung an Hippner/Wilde für das AD die Gestaltungsbereiche Interessentenmanagement, Neukundenmanagement, Zufriedenheits- und Kundenbindungsmanagement, Beschwerdemanagement, Kündigungspräventionsmanagement und Rückgewinnungsmanagement unterscheiden, die programm- und angebotsspezifisch mit konkreten Inhalten und Maßnahmen auszufüllen sind (siehe Schaubild S. 83).

Die Komplexität dieser Aufgabe verdeutlicht einmal mehr, dass Audience Development nicht nur Fragen nach dem Publikum stellt, sondern nach den Institutionen als Ganze: Sind die formellen und informellen Aufbau- und Ablaufsysteme in der deutschen Orchesterkultur und im Orchestermanagement vor dem Hintergrund rückgängiger Besucherzahlen und zunehmenden institutionellen

Zeitpfad/Kundenbeziehungslebenszyklus						
Anbahnung	Soziali-sation	Wachstum und Reife	Gefährdung	Kündigung		Revitali-sierung
Anbahnung von neuen Geschäfts-beziehungen	Festigung von neuen Geschäfts-beziehungen	Stärkung von stabilen Geschäfts-beziehungen	Stabilisie-rung gefähr-deter Bezie-hungen von beschwe-renden Kunden	Verhin-derung von Kün-digung-en	Rücknahme von Kün-digungen	Wiederan-bahnung der Geschäfts-beziehung
Interessen-tenmanage-ment	Neukunden-manage-ment	Zufrieden-heitsma-nagement	Beschwerde manage-ment	Kündig. Mana gement	Kündigungs manage ment	Revitali-sierungs-management
Interessen-tenmanage-ment	Kundenbindungs-Management				Rückgewinnungs-Management	

Aufgaben des Audience Development im Beziehungslebenszyklus in Anlehnung an Hippner 2004, S. 35.

Legitimationssorgen noch zeitgemäß? Gilt es nicht vielmehr, möglicherweise überkommene (Tarif-)Strukturen, Verfahren, Formate und Kommunikationsformen dem sich wandelnden Besucherverhalten anzupassen? Wie kann der Zwang zur Veränderung als Chance genutzt werden? Wie können Orchesterveränderungsprozesse in Richtung Publikum so geführt werden, dass alle Beteiligten sie mittragen und mitgestalten können? Wie können Veränderungsängste und Veränderungswiderstände abgebaut werden? Was sagen Organisationstheorie und -psychologie zu Prozessen und Phasen eines Wandels im Sinne des AD in Orchestern? Lassen sich möglicherweise Change-Management-Tools und -Strategien aus den Wirtschaftswissenschaften auf den Orchesterbetrieb anwenden? Und: beschränkt sich der notwendige Wandel im Sinne eines nachhaltigen AD lediglich auf das Management und die Musiker oder schließt er nicht auch Schnittstellendisziplinen der institutionellen Kultur-, Finanz- und Bildungspolitik mit ein?

Fest steht: „Wenn klassische Musik an den Rand der gesellschaftlichen Wahrnehmung rutscht, muss sie etwas dagegen tun. Allein um die hohen Subventionen zu rechtfertigen, müssen die Musiker der Gesellschaft mehr zurückgeben als schöne Konzerte und Opernaufführungen."[32]

Anmerkungen

1 Jessen, J.: Kultur in Zeiten der Finanzkrise, in: *Die Zeit*, 23.10.2008.
2 Adorno, Th. W. (1953): *Prolog zum Fernsehen*, in: *Rundfunk und Fernsehen 2*, zit. nach: ders., *Gesammelte Schriften*, Bd. 10.2, Frankfurt/M. 1996, S. 507.
3 Adorno, Th. W. / Horkheimer, M. (1969): *Dialektik der Aufklärung. Philosophische Fragmente*, Frankfurt/M. (Erstausgabe: New York 1944), S. 166.
4 Klein, A. (2004): *Das Theater und seine Besucher,Theatermarketing ist Quatsch*, in: Kupogc (Hg. 2004): *Jahrbuch für Kulturpolitik 2004*, Bonn/Essen, S. 125-141, hier S. 125.
5 Höhne, S. (2005): *Amerika, ein Land der Zukunft?: Kulturpolitik und Kulturförderung in kontrastiver Perspektive*, Leipzig, S. 14.
6 Udo Kittelmann: *Kunst ist geistiges Kapital* in: *Der Tagesspiegel*, vom 29.10.2008
7 *Johann Peter Eckermann – Dichter und Vertrauter Goethes*, elektronisch veröffentlicht unter URL: http://home.arcor.de/j.p.eckermann/mailform.htm, Zugriff am: 23.1.2009. Goethe fährt Eckermann zufolge fort: „Unsere Theatergesetze [...] haben zwar allerlei Strafbestimmungen, allein sie haben kein einziges Gesetz, das auf Ermunterung und Belohnung ausgezeichneter Verdienste ginge. Dies ist ein großer Mangel. Denn wenn mir bei jedem Versehen ein Abzug von meiner Gage in Aussicht steht, so muss mir auch eine Ermunterung in Aussicht stehen, wenn ich mehr tue als man eigentlich von mir verlangen kann. Dadurch aber, dass alle mehr tun als zu erwarten und zu verlangen, kommt ein Theater in die Höhe."
8 http://www.glocalist.com.
9 Spiegel, H. (2009): *Die Stille vor dem Sturm*, in: *Frankfurter Allgemeine Zeitung*, 30.01.2009.
10 Peymann, C.: *Unser Reichtum ist gestohlen*. In: *Süddeutsche Zeitung*, 20.3.2008.
11 Hayes, D. (2003): *Audience development: towards a strategic mindset*, in: *Paper University of Greenwich*, elektronisch veröffentlicht unter URL: http://www.fuel4arts.com/files/attach/A07_Hayes.pdf, Zugriff am: 3.6.2007.
12 Morison, B. G.; Dalgleish, J. G (1987): *Waiting in the Wings – A larger Audience For The Arts and How to Develop it*, New York, S. 79.
13 Ford, J. (2000): *Audience Development*, elektronisch veröffentlicht unter: http://www.eob.org.uk/useruploads/Factsheet%5FAudience%5Fdevelopment%2Edoc. Zugriff am: 28.11.2008.
14 Mertens 2005, http://www.themen.miz.org/news_2539.html.

15 Laudenbach, P. (2006): *Spiel mir kein Lied vom Tod*, elektronisch veröffentlicht unter URL: http://www.brandeins.de/home/inhalt_detail.asp?id=1995&MenuID=130&MagID=73&sid=su1959360695919520, Zugriff am 9.1.2009.

16 Sinfonieorchester Basel: Thesenpapier, *Leere Säle bei klassischen Konzerten, Eine provokative Annäherung*, elektronisch veröffentlicht unter URL:http://www.prognos.com/fileadmin/pdf/1155629737.pdf, Zugriff am 23.1.2009.

17 Tomlinson vom Audiences Europe Network konstatiert diesbezüglich für den Kultursektor: „It is important to consider CRM without the context of technology and look at how previous tools follow through to what we are doing today. We do not do CRM in the way that we define *proper* CRM. It is important to break down the meaning and definition of CRM: Customer: We begin by using pejorative terms to describe our customers. Customers should be dealt with as people, not as *punters* or *bums on seats*. In trying to build customer relationships, why do we seek to disempower the people who attend and participate and why do we use terms which devalue the complex nature of the customer's relationship with us? A customer is a valued individual with specific needs we seek to satisfy. Relationship: Relationships involve more than just a link between the buyer and the seller. They involve human emotions and feelings, person to person contact and an emotional association for sharing values and experiences. Management or Marketing? Key to the definition of *management* is the notion that someone is in control, managing the process. Marketing entails matching our offering to meet each individual's needs, communicating to each customer according to their individual behaviours and circumstances. To sum up, CRM is not about ticketing and technology, it is about customer relationships. It is about utilising technology to manage the relationships with customers and focus the marketing according to the customers."

18 Klein, A. (2003): *Besucherbindung im Kulturbetrieb. Ein Handbuch*, Wiesbaden, S. 7.

19 Diller, H., (2004): *Die Bedeutung des Beziehungsmarketing für den Unternehmenserfolg*, in: Hippner, H.; Wilde, K.D. (Hg.) (2004 a): *Grundlagen des CRM, Konzepte und Gestaltung*, Wiesbaden: 43-67, hier S. 43.

20 Hippner/Wilde (2004 a: 30).

21 Hippner, H.; Wilde, K.D. (Hg.) (2004 a): *Grundlagen des CRM, Konzepte und Gestaltung*, Wiesbaden: 43-67.

22 Hippner, H.; Wilde, K.D. u.a. (2006): *CRM – Strategie und IT-Systeme*, Elektronisch veröffentlicht unter URL: http://www.absatz-

wirtschaft.de/content/_pv/_p/1003201/_t/ft/_b/41610/nc/1/default.aspx/, Zugriff am 22.5.2008.
23 In Anlehnung an Hippner/Wilde (2004c: 20) können weitere Publikums-Aktionsfelder differenziert werden: potentielle Besucher, aktive Besucher, verlorene Besucher, reaktivierte Besucher. Integrierte AD-Strategien ermöglichen eine Erhöhung der Wertschöpfung in all diesen Bereichen.
24 http://www.mcgrip.de/crm (Zugriff am 13.12.2008).
25 Piller, F. (o. D.): *Aufbau dauerhafter Kundenbindungen mit Customer Relationship Management (CRM)*; elektron. veröffentlicht unter URL: http://www.mass-customization.de/download/crm2000.pdf, Zugriff am 13.12.2005.
26 Vgl. auch die Spezifikation des broadening, deepening and diversifying auf URL: http://www.massculturalcouncil.org/services/participation.pdf: „Deepening participation: Increase your current participants' level of involvement (i.e., they attend more often, they move from audience to donor [...]). Broadening participation: Attract more people like your current participants. Diversifying participation: Reach new audiences, including people from diverse communities, low-income populations, youth and elders."
27 Diller, H. (1995a): *Beziehungs-Marketing*, in: *Wirtschaftswissenschaftliches Studium*, Vol. 24 (9), S. 442-447, hier S. 445.
28 Schumacher, J.; Meyer, M. (2004): *Customer Relationship Management strukturiert dargestellt*, Berlin / Heidelberg, S. 22.
29 Gummesson, E. (1987): *The New Marketing – Developing Long-Term Interactive Relationships*, in: *Long Range Planning*, Vol. 20 (4), 10-20.
30 Bruhn, M. (2001): *Relationship Marketing – Das Management von Kundenbindung*, München, S. 46.
31 Vgl. ebenfalls Bruhn 2001: 47 ff..
32 Laudenbach, P. (2006): *Spiel mir kein Lied vom Tod*, elektronisch veröffentlicht unter URL: http://www.brandeins.de/home/inhalt_detail.asp?id=1995&MenuID=130&MagID=73&sid=su1959360695919520, Zugriff am 9.1.2009.

Feierliche Eröffnung des ZAD am 5. Juni 2007 im Radialsystem.

Prof. Dr. Klaus Siebenhaar eröffnet die Audience Development-Konferenzmese.

Prof. Dr. Birgit Mandel (o.) und Donna Walker-Kuhne.

Ulrike Gießner-Bogner (o.) und Eija Liukkonen.

Gedankenaustausch im Rahmen der Messe-Präsentationen.

„Man muß das Publikum zu sich heraufholen;
man darf nicht zu ihm hinuntersteigen."

Gustaf Gründgens
 (1899-1963)

HEIKE STUCKERT

Zwischen Pädagogik und Marketing – Die Kinder-Website der Bayerischen Staatsoper. Ein Interview mit Maestro Margarini, Dirigent an der Bayerischen Staatsoper[1]

HEIKE STUCKERT *Werter Maestro Margarini, wie sind Sie auf die Idee gekommen, ein Internetspiel für Kinder über Oper zu machen?*
MAESTRO MARGARINI Ich selbst liebe Musik über alles und es gibt für mich nichts Schöneres, als die Oper in München. Aber viele Kinder sitzen lieber am Computer. Da habe ich überlegt, ob man das vielleicht verbinden kann. Und so kam ich mit den Kollegen vom Kinder- und Jugendprogramm auf die Idee, ein Opernhaus im Internet zu entwickeln, das unserem richtigen Opernhaus entspricht. Dazu haben wir uns Computerspiele mit Musik, Ballett und Oper ausgedacht.

Sie möchten Kinder also dort abholen, wo sie sind, und benutzen dazu Mittel, die ihnen gerecht werden.
Ja, das möchten wir. Die Kinder sollen mit dem Spiel vor allem Spaß haben.

Wie gehen Sie dazu vor?
Die Bayerische Staatsoper beinhaltet ja auch das Bayerische Staatsorchester und das Bayerische Staatsballett. Jedes für sich ist schon ein sehr komplexer und umfangreicher Bereich. Außerdem arbeiten hier über 850 Menschen in ganz unterschiedlichen Abteilungen, die alle etwas zu dem Gesamtkomplex beitragen. Das soll sich alles auch für die Kinder widerspiegeln, zusätzlich zu dem, was sich jeden Abend auf der Bühne abspielt. Kinder hier in München haben die Möglichkeit, das Haus kennenzulernen, wenn sie eine Führung mitmachen. Oder sich vor einem Vorstellungsbesuch in einer Kindereinführung vorzubereiten. Kinder von weiter weg können das nicht. Auf unserer Website finden sie aber entsprechende Informationen. Wenn wir uns ein Spiel ausdenken, gehen wir dazu in eine Abteilung und schauen uns ganz genau an, was die Menschen dort machen, welche Aufgaben sie haben und welche Probleme sich ihnen dabei stellen. Schön ist es zu hören und zu sehen, auf was die Kollegen

ganz besonders stolz sind, wie zum Beispiel unsere Schuhmacher. Da haben wir einfach eine Auswahl von Schuhen fotografiert und ein Schuhschrank-Memory entworfen. Das ist eines der einfacheren Spiele. Aber nun wird es auch pädagogisch: denn ich erkläre zu jedem Schuh auch noch, in welcher Oper der mitspielt. Vielleicht können vor allem kleine Kinder damit noch nichts anfangen, aber sie haben den Namen der Oper schon mal gehört und können sie für sich einordnen.

Die einzelnen Spiele sind ja sehr unterschiedlich.
Ja, das entspricht den verschiedenen Bereichen, mit denen wir es zu tun haben. Aber natürlich muss ein Spiel auch in sich logisch sein und ein definiertes Spielziel haben. Oder es ist ein Erlebnisspiel, wie der Instrumentenhimmel, wo man einfach nur das jeweilige Instrument anhören kann. Dazu haben wir dann einzelne Orchestermusiker gebeten, uns ein kurzes Stück vorzuspielen.

Werden weiterhin neue Spiele entwickelt?
Ja, pro Spielzeit entwickeln wir ca. drei neue Spiele. Die sind immer zu Themen, die uns besonders interessieren, zum Beispiel arbeiten wir gerade an einem Spiel über die Tanzschrift. Ja, man kann Tanz nämlich auch aufschreiben. Dazu gibt es den Beruf des Choreologen. Es wird ein weiteres Spiel zur Beleuchtungsabteilung geben und zur Dramaturgie. So erfahren die Kinder auch, welche unterschiedlichen Arten von Arbeit in so einer Vorstellung stecken.

Entspricht das virtuelle Opernhaus dem richtigen?
Das richtige Haus, also das Nationaltheater, sieht im Querschnitt genauso aus. Die einzelnen Bereiche befinden sich auch dort, wo sie im Spiel angelegt sind.

Welche Angebote für Kinder bietet die Bayerische Staatsoper sonst noch?
Es gibt einen Maestro Margarini als Marionette. In den Kinderführungen braucht er immer die Hilfe der Kinder, um seinen Taktstock im Haus zu suchen, den er mal wieder verlegt hat und dringend finden muss, um das Orchester zu dirigieren. Unser Kinder- und Jugendprogramm bietet darüber hinaus auch sonst noch Vieles für Kinder an, Workshops, Konzerte, und für Schüler sehr viele unterschiedliche pädagogische Vermittlungsprogramme. Es ist

immer besser, wenn Kinder abends zu einer Vorstellung kommen und ein bisschen auf das vorbereitet sind, was sie sehen. Dann können sie besser verstehen, worum es geht. Oper und Ballet ist ja nicht nur für Erwachsene da, finde ich.

Wer hat die Seite entworfen und umgesetzt?
Verschiedene Kinder haben der Designerin geholfen, sowohl die Oper als auch mich als Figur zu entwickeln. An dieser Stelle möchte ich die Gestaltung von Fons Hickmann m23, Berlin sowie die Programmierung von Michael Butschkau besonders erwähnen.

Die Website ist auch eine Imagekampagne für die Bayerische Staatsoper. Wie viele Kinder erreichen Sie?
Im Moment sind es über 3.000 Klicks pro Monat. Und 480 Anmeldungen für den Newsletter. Außerdem erreichen mich viele Kinderbriefe, die ich auch immer beantworte. Sicher ist diese Website auch eine Image-Kampagne. Sie ist aber politisch völlig unkorrekt: sie ist nicht barrierefrei, im Gegensatz zur Homepage der Bayerischen Staatsoper. Sie ist spielerisch angelegt und man muss viel ausprobieren, um ein Spiel zu finden, denn sie ist ohne Schrift. Sie ist modern, technisch up to date, qualitativ hochwertig und kreativ. Sie soll auch vermitteln, dass die Bayerische Staatsoper eine lebendige, innovative und gesellschaftlich offene Institution ist. Und sie soll schön gestaltet sein und Freude bereiten. Auch uns. Deshalb ist auch immer viel Musik dabei, auch wenn das bei manchen Systemen lange Wartezeiten bedeutet. Aber ohne Musik keine Oper und kein Spaß, oder?

Werter Maestro Margarini, ich danke Ihnen für dieses Gespräch.

Anmerkung

1 Zu finden unter: www.maestro-margarini.de.

„Sie sitzen in Reihen. Sie bilden ein Muster. Sie sitzen in einer gewissen Ordnung. Ihre Gesichter zeigen in eine gewisse Richtung. Sie sitzen im gleichen Abstand voneinander. Sie sind ein Auditorium. Sie bilden eine Einheit. Sie sind eine Zuhörerschaft, die sich im Zuschauerraum befindet. Ihre Gedanken sind frei. Sie machen sich noch Ihre eigenen Gedanken. Sie sehen uns sprechen und Sie hören uns sprechen. Ihre Atemzüge werden einander ähnlich. Ihre Atemzüge passen sich den Atemzügen an, mit denen wir sprechen. Sie atmen, wie wir sprechen. Wir und Sie bilden allmählich eine Einheit."

Peter Handke
(*1942)

VERA ALLMANRITTER, ACHIM MÜLLER

Am Puls des Geschehens: Besuchermonitoring als Instrument strategischen Kulturmarketings

1. Einleitung

Kulturinstitutionen im öffentlich geförderten wie im privaten Sektor Berlins sehen sich mit großen Herausforderungen konfrontiert: Der öffentliche Förderrahmen stagniert oder wird enger. So müssen sich die Kulturinstitutionen auf Dauer in einem Verteilungswettbewerb behaupten. Gleichzeitig hat die Zahl der privaten Anbieter, die in Konkurrenz zu Kulturinstitutionen stehen und die vielfältige Kultur-, Bildungs-, Unterhaltungs- und Freizeiterlebnisse offerieren, deutlich zugenommen. Es besteht also ebenfalls ein Wettbewerb zwischen Kulturinstitutionen mit allen weiteren Freizeitangeboten um die Freizeit- und Finanzbudgets der potentiellen Besucher. Zudem steht das Kulturangebot Berlins als Reiseziel inländischer und ausländischer Touristen im Wettbewerb mit allen anderen vom kulturellen Angebot her konkurrierenden Reisezielen in Deutschland, aber auch in Europa.[1]

In dieser angespannten Situation ist es von existentieller Bedeutung für die Berliner Kulturinstitutionen, über zielgruppengerechte Marketingkonzepte Wettbewerbsvorteile gegenüber ihren relevanten Wettbewerbern zu schaffen. Zu erwarten ist, dass Wettbewerbsvorteile einzelner öffentlich geförderter Institutionen deren Position in der kulturpolitischen Diskussion innerhalb der jeweiligen Kommunen stärken und zu einem entscheidenden Argument bei der Verteilung und Optimierung öffentlicher Zuwendungen werden.

Zudem ist anzunehmen, dass ein Wettbewerb der Kulturinstitutionen auf einem „Kulturmarkt" zu einer „Qualitätssteigerung" des Kulturangebots insgesamt führen wird. Eine konvergente marketingorientierte Arbeitsweise von öffentlich geförderten und kommerziellen Kulturinstitutionen und die damit einhergehende qualitative Verbesserung des Kulturangebots sichert wiederum dem Land Berlin einen Wettbewerbsvorteil gegenüber potentiellen Wettbewerbern um Kulturtouristen aus Deutschland und/oder Europa.[2]

Grundlage eines nachhaltig erfolgreichen besucherorientierten Marketings ist es, kontinuierlich über Struktur, Verhalten, Motive und Zufriedenheit der Besucher informiert zu sein. Die dafür notwendige kontinuierliche Erhebung von Besucherdaten ist wegen der damit verbundenen finanziellen und organisatorischen Aufwände zur Zeit in Deutschland erst in einigen wenigen Kulturinstitutionen umgesetzt worden.

Angesichts dessen ergriffen die Berlin Tourismus Marketing GmbH und die Berliner Senatsverwaltung für kulturelle Angelegenheiten im November 2006 die Initiative, für tourismusaffine Berliner Kulturinstitutionen und -unternehmen eine kontinuierliche Besucherbeobachtung (Besuchermonitoring) einzuführen.[3] Mit dieser in Deutschland derzeit noch einzigartigen Initiative soll kommerziellen und nicht-kommerziellen Kulturinstitutionen sowie dem Land Berlin die Möglichkeit eröffnet werden, möglichst genau zu erfahren, wer ihre Besucher sind, wie sie sich Informationen über Berlin und dessen Kulturinstitutionen beschafft haben und auf welchen Wegen sie ihre Tickets erworben haben. Das aus der Besucherbeobachtung gewonnene Datenmaterial dient schließlich dazu, es sowohl den Kulturinstitutionen als auch dem Land Berlin als Tourismusstandort zu ermöglichen, neue Marketingstrategien zu entwickeln sowie bereits eingesetzte Marketinginstrumente auf ihre Wirksamkeit hin zu überprüfen. Zudem können hiermit Wettbewerbsvorteile gegenüber denjenigen Kulturinstitutionen aber auch Reisezielen allgemein geschaffen werden, die vom kulturellen Angebot her eine Konkurrenz darstellen.

Berlin Tourismus Marketing GmbH und die Berliner Senatsverwaltung für kulturelle Angelegenheiten beauftragten das Zentrum für Audience Development (ZAD) des Instituts für Kultur- und Medienmanagement der Freien Universität Berlin, bestehende Systeme des Besuchermonitoring zu analysieren und ein auf das Land Berlin zugeschnittenes Konzept für die geplante kontinuierliche Besucherbeobachtung in tourismusaffinen Kulturinstitutionen und -unternehmen zu konzipieren und zu installieren. Der nachfolgende Beitrag stellt als Ergebnis dieses Prozesses einen Überblick über Formen von Systeme des Besuchermonitorings sowie relevante Kriterien zur Auswahl und Anpassung eines für den jeweiligen Kontext geeigneten Systems vor. Anschließend wird als Successful

Practice das für die Berlin entwickelte und ab September 2008 erfolgreich eingeführte Besuchermonitoringsystem mit seinen entscheidenden Erfolgsfaktoren beschrieben.

2. Kontinuierliches Besuchermonitoring

Wie einleitend beschrieben, ist Besucherforschung angesichts der gegenwärtigen Herausforderungen an Kulturinstitutionen von existentieller Bedeutung, um Zusammensetzung, Verhalten und Motive ihrer Besucher zu kennen und so über einen entsprechend abgestimmter Marketing-Mix entscheidende Wettbewerbsvorteile zu erarbeiten.[4] In Form von individuellen Studien hat sich Besucherforschung bereits in der Praxis des Kulturmanagement etabliert. Diese studienbasierte Besucherforschung dient in den meisten Fällen dazu, mittels eines spezifischen Erhebungsdesigns und -instruments Antworten auf spezifische Fragestellungen zu finden (etwa den Erfolg einer Sonderausstellung/-vorstellung aus Sicht der Besucher). Derartige Erhebungen finden entsprechend oft einmalig oder zumeist unregelmäßig wiederkehrend über einen begrenzten Zeitraum statt. Kontinuierliches Besuchermonitoring hingegen wird vorrangig angewendet, um langfristige und übergeordnete Fragestellungen zu erfassen (z.B. die Entwicklung der Gesamtbesucher nach Herkunft über das Jahr). Es handelt sich bei dieser kontinuierlichen Form der Besucherforschung um eine Abfolge von einzelnen in jeweils gleichem zeitlichen Abstand liegenden Befragungen (Querschnittstudien).

Dabei werden jeweils dieselben Sachverhalte mit jeweils denselben Befragungsinstrumenten bei jeweils unterschiedlichen Personen erhoben, so dass sich aus diesen einzelnen Querschnittsstudien schließlich eine Trendstudie erstellen lässt.[5] Besuchermonitoring ist darauf angelegt, kontinuierlich über einen längeren Zeitraum, der potentiell unbegrenzt ist, durchgeführt zu werden. Nachfolgendes Schaubild gibt einen Überblick über die Unterschiede zwischen studienbasierter Besucherforschung und kontinuierlichem Besuchermonitoring:

studienbasierte Besucherforschung	Besucher-Monitoring
Spezifische Fragestellungen	Langfristiger und übergeordneter Informationsbedarf
Begrenzter Zeitraum	Potentiell unbegrenzter Zeitraum
Einmalige Erhebung (Querschnitt)	Kontinuierliche oder in geringen Abständen wiederholte Erhebung (Quer- und Länsschnitt
Spezifische Erhebungsinstrumente	Identisches Erhebungsinstrument

Durch das Besuchermonitoring wird die fallweise, studienbasierte Besucherforschung um ein Instrument ergänzt, dass einige Leistungen erbringt, die studienbasierte Forschung nicht erbringen kann. Im Vergleich zu fallweiser Besucherforschung führt kontinuierliche Besucherforschung zu einer größeren Repräsentativität der Ergebnisse. Verzerrungen durch die Lage des Erhebungszeitpunktes im Kalenderjahr oder durch Sonderereignisse können durch die Verteilung der Erhebung über das gesamte Jahr vermieden werden. Ferner ermöglicht Besuchermonitoring bei entsprechender Auslegung, Zeitverläufe zu beschreiben, Veränderungen oder unerwünschte Ergebnisse eigener Marketingmaßnahmen schnell zu erkennen und zeitnah auf sie zu reagieren. Damit kann kontinuierliches Besuchermonitoring ein wichtiger Baustein in der langfristigen strategischen Führung von Kulturinstitutionen sein, indem ein Frühwarnsystem für Trends geschaffen wird, das schon früh Anzeichen grundlegender Veränderungen sichtbar werden lässt. Wenn das Besuchermonitoring an mehreren Insitutionen mit dem gleichen Erhebungsinstrument stattfindet und die erhobenen Daten allen an der Datenerhebung teilnehmenden Kulturinstitutionen zur Verfügung stehen, eröffnet sich dadurch z.B. die Möglichkeit, dass sich die einzelnen teilnehmenden Kultureinrichtungen an der Leistungsfähigkeit „besserer" Unternehmen orientieren können (Benchmarking). Zudem können in solchen Verbundlösungen wertvolle Hinweise für gewinnbringende Kooperationen von Kulturinstitutionen untereinander aufgedeckt werden.[6]

Einer Einführung von Besuchermonitoring stehen leider bei vielen Kulturinstitutionen insbesondere die hohen Kosten für die Durchführung eines kontinuierlichen Besuchermonitorings entgegen.[7] Zu den direkt zurechenbaren Kosten treten der organisatorische Aufwand, der notwendig ist, um einerseits eine gleichbleibend hohe Qualität in Erhebung und Auswertung zu gewährleisten und um andererseits die große Fülle gewonnener Daten zu interpretieren und in konkrete Handlungsplanung umzusetzen. Entsprechend war es auch für das Land Berlin eine Grundvoraussetzung für die Einführung von kontinuierlichem Besuchermonitoring, dass die aufwändige Entwicklung und Einführung des Monitoring unterstützt wird, die Durchführung für Kulturinstitutionen langfristig erschwinglich ist sowie bei Auswertung und Interpretation Hilfestellung geboten wird.

3. Ein geeignetes Besuchermonitoringsystem für Berlin?

Um eine Empfehlung für ein geeignetes Besuchermonitoringsystem für ausgewählte Berliner Kultureinrichtungen abgeben zu können, führte das Zentrum für Audience Development zunächst eine Recherche und eine Evaluation von bestehenden Monitoringsystemen im In- und Ausland durch. Hierfür wurde nach theoretischen Vorüberlegungen zu Untersuchungsgegenstand, Untersuchungsdesign, Erhebungsmethode und Stichprobenziehung ein Kriterienkatalog aufgestellt, anhand dessen bestehende Monitoringsysteme beurteilt werden sollten. Schließlich wurden sechs Monitoringsystemen (drei Systeme aus Deutschland, ein System aus Österreich, ein System aus den Niederlanden, exemplarische Systeme in Großbritannien) extrahiert, die für eine detaillierte Betrachtung herangezogen und anhand der hierfür erarbeiteten Evaluationskriterien verglichen wurden.

Die Ergebnisse des Vergleichs wurden zu einer Empfehlung für ein Besuchermonitoringsystem für die ausgewählten Kulturinstitutionen zusammengefasst. Da keines der evaluierten Monitoringsysteme uneingeschränkt für eine Anwendung in Berlin geeignet war, beruhte die abschließende Empfehlung des Zentrums für Audience Development auf einer Kombination von Eigenschaften mehrerer betrachteter Systeme.

Im Folgenden werden die Hauptkriterien umschrieben, aufgrund derer sich bestehende Besuchermonitoringsysteme unterscheiden lassen. Im Anschluss erfolgt eine kurze Auflistung der Kriterien, nach denen die extrahierten Systeme bewertet wurden.

3.1. Unterscheidungskriterien zwischen bestehenden Monitoringsystemen

In der Praxis anzutreffende Besuchermonitoringsysteme lassen sich primär nach drei Dimensionen unterscheiden: Einerseits danach, ob das Besuchermonitoring in einer einzelnen Institution (Einzellösung) oder in mehreren Institutionen (Verbundlösung) durchgeführt wird und andererseits danach, ob einzig mit bereits vorhandenen Sekundärdaten gearbeitet wird oder ob zusätzlich Primärdaten erhoben werden. Für den Fall, das Primärdaten erhoben werden, was zumeist der Fall ist, kann danach unterschieden werden, wie die Erhebung von Primärdaten schließlich stattfindet.

3.1.1. Verwertung von Primär und/oder Sekundärdaten

Bei Sekundärdaten handelt es sich um bereits vorhandene Daten, die aus bestimmten Gründen von den Institutionen gezielt erhoben wurden oder im Zug der allgemeinen Betriebsabläufe gleichsam nebenbei anfallen (Ticketverkauf, Buchführung, Kostenrechnung, aber auch eingehende Reklamationen, Beschwerden, Besucherstatistiken nach Tageszeiten, Wochentagen, Besucherzahlen zum Anfang, zur Mitte und/oder zum Ende des Ausstellungszeitraums, Reaktionen von Besuchern auf Verlängerung von Öffnungs- und Ausstellungszeiträumen, Abonnentenstatistiken usw.). Mittels Besucherbefragungen können zusätzlich Primärdaten wie etwa soziodemographische Daten (Alter, Geschlecht, Wohnort, Einkommen, Schulabschluss, Nationalität etc.), verhaltensbezogene Daten (Nutzungshäufigkeit, Nutzungsanlass, Verweildauer, Informationsmedien, Unterbringung, Verkehrsmittel etc.) sowie einstellungsbezogene Daten (bestimmte Wertvorstellungen, Meinungen, Einstellungen, Vorlieben, Wissen, Vorkenntnisse etc.) erhoben werden. Für eine möglichst große Menge an auswertbaren Informationen ist eine Kombination der Auswertung von Sekundärdaten, insbesondere der Besuchszahlen und der Ticketverkäufe, mit der Auswertung von durch die Einrichtungen selbst oder ein Umfrageinstitut erhobenen Besucherdaten (Primärdaten) anzuraten.[8]

Beispiele für Erhebungen von Sekundärdaten auf der Ebene individueller Kulturinstitutionen sind die in den meisten Institutionen bereits installierten Ticketingsysteme. Bereits in den Betriebsabläufen vorhandene Daten werden dabei kontinuierlich erfasst.

Für Erhebungen von Sekundärdaten innerhalb eines Verbunds von Kulturinstitutionen werden im Betriebsablauf anfallende Daten aufgenommen und verglichen. Ein Beispiel für den deutschsprachigen Raum sind übergreifende Ticketingsysteme in Institutionen mit mehreren Häusern, wie sie z.B. von dem Museumsverbund Staatliche Museen zu Berlin derzeit eingeführt werden. Ein wichtiges überregionales Beispiel ist das Sparkassen Tourismus Barometer. Hierbei werden Besucherzahlen von tourismusrelevanten Institutionen regelmäßig aufgenommen und für Zeitreihenanalysen und systematische Vergleiche zwischen Branchen verwendet.

Für die Erhebung und Auswertung von Sekundärdaten sind in den jeweiligen Kulturinstitutionen in der Regel keine neuen Infrastrukturen über die bereits bestehenden hinaus notwendig. Soll innerhalb eines Verbundsystems eine Datenzusammenführung automatisiert erfolgen, kann die hierfür erforderliche IT-Infrastruktur allerdings erhebliche Kosten verursachen. Anhand der Analyse solcher Sekundärdaten erhält man in der Regel mehr oder weniger selbsterklärende Kennzahlen, die allerdings keine vertiefenden Aussagen wie die über Soziodemographie, Zufriedenheit und Motive de Besucher zulassen.

Eine Reihe von Kulturinstitutionen in Deutschland hat inzwischen Erhebungen von Primärdaten innerhalb der jeweiligen Häuser eingeführt. Herausragende Beispiele hierfür sind das Jüdische Museum Berlin, das Deutsche Technik Museum Berlin oder das Kölnische Stadtmuseum. In wiederholten Querschnittsanalysen werden im Rahmen dieser Erhebungen Daten individuell erhoben. Die Institutionen stimmen hierbei Umfang und Tiefe der erhobenen Daten vollständig auf die eigenen Institutionsbedarfe ab. Die Kosten für diese Einzellösungen sind vor allem wegen der aufwändigen Erhebung erheblich. Insbesondere lassen sich Kosten und Aufwand der Erhebung in kleineren Institutionen nicht proportional an deren Größe anpassen, da auch bei wenigen Besuchern ausreichend Personal für eine kontinuierliche Erhebung bereitgehalten werden muss, sofern eine repräsentative Stichprobengröße erreicht werden soll. Um aber tiefergehende Vergleiche mit anderen Institutionen und/oder Sparten zu ermöglichen, empfiehlt es sich anzustreben, dass sich mehrere Institutionen oder Akteure zu einer Erhebung von Primärdaten innerhalb eines Verbunds zusammenfinden. In diesem Fall wird Besuchermonitoring in den beteiligten Institutionen mit dem gleichen Erhebungsinstrument und den gleichen Anforderungen an die Stichprobenziehung durchgeführt. Die Daten werden anschließend in einem System zusammengeführt, das sowohl den einzelnen Institutionen individuelle Auswertungen als auch einen Vergleich der Ergebnisse mit dem Durchschnitt aller Beteiligten oder mit einzelnen Institutionen ermöglicht (Benchmarking).

3.1.2. Art der Datenerhebung
Im Allgemeinen gibt es drei zentrale Instrumente der (Besucher-)Datenerhebung: die Befragung, die Beobachtung und die Inhaltsanalyse. Welches der Instrumente angewandt wird, ist von der Fragestellung der Untersuchung abhängig, denn mit jedem der genannten Erhebungsinstrumente sind bestimmte Vor-, aber auch Nachteile verbunden.[9]

Das sicherlich wichtigste und deshalb auch am häufigsten angewandte Instrument in der Besucherforschung ist die (Besucher-)Befragung.[10] Entsprechend findet Besucherforschung in den untersuchten bestehenden Besuchermonitoringsystemen in der Regel schriftlich oder in mündlichen Interviews mittels standardisierter Fragebögen statt. Im Fall einer mündlichen Befragung spricht ein Interviewer ausgewählte Zielpersonen gezielt an und bittet diese, an einer Befragung teilzunehmen. Die Antworten der Zielpersonen werden dann durch den Interviewer handschriftlich oder elektronisch, z.B. durch ein CAPI-System (Computer Assisted Personal Interview)[11], erfasst.

Die Vorteile der mündlichen Befragung (Interview) liegen darin, dass schwierige Sachverhalte erläutert werden können und der Interviewer somit Regel- und Kontrollfunktionen hinsichtlich des Gesprächsablaufes hat. Ein elektronisch gestütztes Interview hat den Vorteil, dass die erfassten Daten automatisch für eine Auswertung aufbereitet sind, während diese bei handschriftlich vorliegenden Daten erst noch aufgearbeitet werden müssen. Ein automatisches Einlesen der beantworteten Fragebögen ist aus Kostengründen und aufgrund von Fehlerquoten nicht sinnvoll. Nachteile ergeben sich bei dieser Erhebungsform etwa aus den hohen (Personal-) Kosten und der Gefahr der Einflussnahme durch den Interviewer (Verzerrungseffekte).[12]

Bei einer schriftlichen Befragung wird den Zielpersonen ein Fragebogen übergeben, den diese eigenständig vor dem Verlassen der Kulturinstitution ausfüllen und abgeben. Besteht für die Zielpersonen die Möglichkeit, Fragen bezüglich der Ausfüllung des Fragebogens an Mitarbeiter der Institution zu richten, spricht man von einer „unterstützten Selbstausfüllung". Die nach dieser handschriftlichen Beantwortung (Paper-Pencil-Befragung) vorliegenden Daten müssen wie im Fall einer mündlichen Befragung, die nicht elektronisch gestützt ist, für eine Auswertung zunächst aufgearbeitet werden. Die schriftliche Befragung ist im Vergleich zu mündlichen Befragungen in der Regel kostengünstiger. Eine Einflussnahme des Interviewers ist größtenteils ausgeschlossen.

Darüber hinaus gewähren sie auch bei heiklen Themen Anonymität und erreichen hier Antworten, die in einem persönlichen Interview gegebenenfalls verweigert werden. Nachteile liegen z.B. darin, dass nicht sichergestellt werden kann, wer den Fragebogen tatsächlich ausfüllt, das heißt, dass eine Beeinflussung des Befragten durch Dritte durchaus möglich ist. Auch fällt bei schriftlichen Befragungen der Rücklauf oftmals recht niedrig aus.[13]

3.2. Bewertungskriterien für die Auswahl eines Besuchermonitoringsystems

Für den Vergleich und die Bewertung bestehender Monitoringsysteme wurde vom Zentrum für Audience Development ein Kriterienkatalog erstellt, der die entscheidenden Faktoren für den Erfolg des Besuchermonitorings in der Praxis abdeckt.[14] Es kristallisierte sich dabei heraus, dass vor allem die folgenden Faktoren für die Bewertung bereits bestehender Monitoringsysteme relevant sind:

Technische Umsetzbarkeit
Es muss abgeschätzt werden, ob das angestrebte Monitoringverfahren nach dem derzeitigen Stand der Technik umsetzbar ist. Falls Technologien neu entwickelt werden müssen, ist besonderes Augen-

merk darauf zu richten, ob der Systementwickler über die Kompetenzen und Ressourcen verfügt, um die notwendigen Entwicklungsschritte erfolgreich zu bewältigen. Nach Einführung des Systems muss das System ohne prohibitiv hohe technische Anforderungen auch durch andere Anbieter oder die Kulturinstitutionen selbst betrieben werden können, damit man sich nicht an den Entwickler des Systems bindet.

Organisatorische Anforderungen
Das angestrebte Monitoringverfahren sollte zudem danach ausgewählt werden, ob es möglichst geringe organisatorische Anforderungen für die Durchführung an die jeweiligen Einrichtungen stellt. Dabei kann es sich beispielsweise um die Umstrukturierung von Abteilungen, den Aufbau neuer Abteilungen, Personaleinstellungen oder Schulungen handeln.

Interne Akzeptanz und Nutzung
Das Monitoringsystem muss so entwickelt und eingeführt werden können, dass die Ergebnisse von relevanten internen Nutzern (z.B. der Leitungsebene oder der Angestelltenebene im Marketing) mit möglichst geringen Vorwissen interpretiert und in Entscheidungen umgesetzt werden können.

Externe Akzeptanz und Nutzung
Das System sollte Ergebnisse schnell und ohne besonderen Aufwand so auswerten und aufbereiten können, dass diese zur Kommunikation an externe Anspruchsgruppen der Institutionen geeignet sind (z.B. an Besucher, Medien, an Fördergeber oder an Multiplikatoren).

Modularität und Flexibilität
Das Monitoringsystems sollte die Möglichkeit bieten, mit möglichst geringem technischen, zeitlichen und finanziellen Aufwand einzelne Befragungsinhalte neu zu kombinieren. Auch sollten möglichst viele unterschiedliche Erhebungskontexte eingebettet werden können. Zudem ist es insbesondere für Verbundlösungen von großer Bedeutung, ob weitere Institutionen problemlos und mit vertretbaren Kosten integriert werden können.

Kosten des Monitoringsystems
Selbstverständlich sind die Kosten von zentraler Bedeutung für die Auswahl eines Monitoringsystems. Grundsätzlich muss berücksichtigt werden, dass sowohl die Entwicklungskosten als auch die Kosten für den laufenden Betrieb in die Entscheidung einzubeziehen sind. Wird mit einem anspruchsvollen IT-System gearbeitet, ist darauf zu achten, ob die dafür anfallenden Kosten mit zusätzlichen und notwendigen Funktionalitäten korrespondieren oder ob sie zu Kostenersparnissen beispielsweise bei der Durchführung der Erhebung kompensiert werden können. Außerdem ist einzubeziehen, ob ein Übergang des Betriebs auf einen anderen Anbieter oder auf die Institutionen selbst mit zusätzlichen Kosten, beispielsweise in Form von Lizenzkosten verbunden wäre.

4. Successful Practice: Ein Besuchermonitoringsystem für tourismusaffinne Berliner Kulturinstitutionen und -unternehmen

Nachdem nun beschrieben wurde, entlang welcher Dimensionen bestehende Besuchermonitoringsysteme unterschieden werden können und anhand welcher Kriterien ein für das Land Berlin geeignetes Besuchermonitoringsystem ausgewählt wurde, soll im folgenden Abschnitt erläutert werden, wie für das Monitoringsystem teilnehmende Kulturinstitutionen ausgewählt wurden und wie das zukünftige Besuchermonitoringsystem ausgestaltet sein wird.

4.1. Auswahl der in der Pilotphase beteiligten Kulturinstitutionen
Das Berliner Kulturleben ist unvergleichlich vielfältig. Angesichts der zahlreichen Kulturinstitutionen in allen Sparten erschien es weder als machbar noch als sinnvoll, alle oder auch nur annähernd alle Berliner Kulturinstitutionen und -unternehmen bei Einführung in ein neu zu entwickelndes Besuchermonitoringsystem einzubeziehen. Entsprechend musste für Entwicklung und Einführung des Systems aus den vielen in Frage kommenden Kulturinstitutionen eine Auswahl getroffen werden. Leitidee der Berlin Tourismus Marketing GmbH und der Berliner Senatsverwaltung für kulturelle Angelegenheiten war dabei, dass diese Institutionen sowohl von innen als auch von außerhalb Berlins und im Vergleich mit anderen Kulturmetropolen als besonders bedeutsam angesehen werden sollten. Aus diesem Grund wurde in Reiseführern und bei Städterei-

senanbietern in Deutschland und den aus Herkunftsländern der größten nach Berlin reisenden Touristengruppen nach den am häufigsten empfohlenen Kulturinstitutionen recherchiert. Ergebnis war eine Liste von zwölf Kulturinstitutionen, die am häufigsten als Ziel für Berlin-Besucher vorgeschlagen wurden. Bei allen identifizierten Institutionen wurde im Anschluss überprüft, ob es die räumliche Situation ermöglicht, in diesen Institutionen Besucherbefragungen durchzuführen. Außerdem prüften die Initiatoren bei den Leitungsebenen der Institutionen, ob seitens der Institutionen die Bereitschaft besteht, sich an diesem Projekt zu beteiligen. Schließlich wurden sechs herausstehende Institutionen mit hoher touristischer Relevanz in die Entwicklung des Besuchermonitorings einbezogen:

- Die Stiftung Oper in Berlin mit den Häusern Staatsoper unter den Linden, Deutsche Oper Berlin, Komische Oper Berlin und Staatsballett
- Das Jüdische Museum Berlin
- Der Friedrichstadtpalast
- Das Deutsche Historische Museum mit seiner Dauerausstellung und dem Bereich Sonderausstellung
- Das Museum für Naturkunde
- Die Staatlichen Museen zu Berlin mit den Häusern Pergamonmuseum, Altes Museum und Gemäldegalerie.

Das Besuchermonitoring wurde ab September 2008 in einer Pilotphase von voraussichtlich rund drei Jahren bei den genannten Berliner Kulturinstitutionen eingeführt. Im Laufe der Abstimmungsprozesse mit den genannten Kulturinstitutionen konnten zudem die Stiftung Preußische Schlösser und Gärten für eine Teilnahme mit ihrem Haus Schloss Charlottenburg gewonnen werden. Das Besuchermonitoring ist offen dafür, zukünftig weitere Kulturinstitutionen und -unternehmen in das Monitoring aufzunehmen.

4.2. Kontinuierliches Besuchermonitoring in Berlin
Auf Basis der Empfehlungen des Zentrums für Audience Development wurde für das Land Berlin ein Besuchermonitoringsystem entwickelt, das die von der Berlin Tourismus Marketing GmbH und der Berliner Senatsverwaltung für kulturelle Angelegenheiten gewünschten Zielsetzungen erfüllt und auf die spezifischen Bedürfnisse der beteiligten Kulturinstitutionen zugeschnitten ist. Für die

Umsetzung des Besuchermonitorings wurde im Rahmen einer öffentlichen europaweiten Ausschreibung ein geeignetes Marktforschungsinstitut ausgewählt. Das System umfasst die folgenden Spezifikationen:

Die Besucherbefragung findet in den oben genannten Kulturinstitutionen in Form von wiederholten Querschnittsanalysen mit einem weitgehend gleichen Erhebungsinstrument bei unterschiedlichen Befragten in mindestens sechs Erhebungs-Tranchen pro Jahr statt. Erhoben wird in Form einer mündlichen Befragung, die elektronisch durch ein CAPI-System (Computer Assisted Personal Interview) unterstützt wird. Da insbesondere bei Theatern, Opern und Konzerthäusern das Zeitfenster für die Ansprache der zu befragenden Besucher klein ist, ist es angedacht, zukünftig zusätzlich eine Onlineerhebung durchzuführen, um die Anzahl der Befragten zu erhöhen. Die Zielpersonen werden dabei dazu aufgefordert, von zu Hause aus via Internet einen Online-Fragebogen auszufüllen.

Bei dem eingesetzten Erhebungsinstrument im Rahmen sowohl der mündlichen als auch der Online-Befragung handelt es sich um einen standardisierten Fragebogen. Dieser ist modular aufgebaut: Er enthält einen Satz von Kernfragen, die in allen Kulturinstitutionen gleichermaßen erhoben werden, ein Modul mit vertiefenden Fragen, die zum einen in den teilnehmen Museen, zum anderen in den Institutionen der Darstellenden Kunst in gleicher Form eingesetzte Fragemodule, sowie individuelle einrichtungsspezifische Vertiefungsfragen (z.B. zu einer speziellen Gastvorstellung) beinhaltet.

Abgefragt werden sowohl soziodemographische Daten, verhaltensbezogene Daten, einstellungsbezogene Daten als auch Informationswege (wie, wann und wo informieren sich potentielle Berlin-Touristen über das Land Berlin und im Speziellen über das dortige Kulturangebot?) und Vertriebswege (welche Art von Ticket nach Berlin/für Berliner Kultureinrichtungen wird wann, wie und wo gekauft?). Der Fragebogen für die mündliche Befragung ist innerhalb des CAPI-Systems in zunächst vier Sprachen abrufbar (Deutsch, Englisch, Spanisch, Italienisch). Um eine repräsentative Stichprobe zu erhalten, erfolgt die Auswahl der zu befragenden Zielpersonen nach dem Zufallsprinzip. Abhängig von der Besucherzahl der teilnehmenden Kulturinstitutionen werden zwischen

1.500 und 3.000 Zielpersonen pro Einrichtung und Jahr befragt. Dabei entspricht die Größe der Teilstichproben je Tranche in den ausgewählten Kulturinstitutionen den saisonalen Schwankungen der Besucherzahlen in der betrachteten Institution. Die Erhebung der Daten erfolgt in der Pilotphase vorrangig durch das für das Besuchermonitoring zuständige Marktforschungsinstitut, auf Wunsch der beteiligten Kulturinstitutionen auch durch die Institutionen selbst.

Beantwortete Fragebögen werden direkt von den eingesetzten CAPI-Geräten an einen Server des gewählten Marktforschungsinstituts weitergeleitet. Dieses bietet auf einem geschützten, aber jederzeit für die beteiligten Institutionen zugänglichen Online-Portal eine dezentrale automatisierte Selbstauswertung der Daten an. Für die Kulturinstitutionen besteht zudem die Möglichkeit, hinsichtlich der Auswertung der Daten und der Interpretation der Ergebnisse auf das Fachwissen des Marktforschungsinstituts zurückzugreifen.

In die Auswertung der erhobenen Primärdaten fließen die absoluten Besucherzahlen als Sekundärdaten der Kulturinstitutionen (Besucherzählung, Ticketing) mit ein. Im Vorfeld wurde abgeklärt, auf welche Daten von Kulturinstitutionen (Kernfragen, spartenspezifische Vertiefungsfragen, individuelle Vertiefungsfragen) durch andere Kulturinstitutionen oder durch die Berlin Tourismus Marketing GmbH und die Berliner Senatsverwaltung für kulturelle Angelegenheiten zugegriffen werden darf.

Grundlage für jeden Zugriff anderer Kulturinstitutionen ist eine gemeinsam verabschiedete Vertraulichkeitserklärung, die auf dem Grundsatz der Hoheit der Institutionen über ihre Daten beruht und insbesondere das Recht der Erstveröffentlichung bei den jeweiligen Institutionen belässt. Zusätzlich zu den individuellen Auswertungen können zu jedem Zeitpunkt voreingestellte Standardauswertungen durchgeführt und extrahiert werden.

5. Fazit

Seit der Erteilung der Auftrags der Berlin Tourismus Marketing GmbH und der Berliner Senatsverwaltung für kulturelle Angelegenheiten an das Zentrum für Audience Development, ein für das Land Berlin zugeschnittenes Konzept für die geplante kontinuierliche Besucherbeobachtung in tourismusaffinen Kulturinstitutionen und -unternehmen zu erarbeiten und zu installieren, sind fast zwei Jahre vergangen. In zunächst sieben Kulturinstitutionen und -unternehmen startete im September 2008 das kontinuierliche Besuchermonitoring. Die zentralen Erfolgsfaktoren waren neben der Entschlossenheit und Gestaltungskraft der Initiatoren die sorgfältige Recherche und fundierte Analyse bestehender Monitoringsysteme unter Berücksichtigung des spezifischen Kontextes in Berlin sowie die frühzeitige Einbindung der Kulturinstitutionen in die Konzeption, Ausschreibung, Entwicklung und Umsetzung des Monitoringsystems. Angesichts der Herausforderung sind alle Beteiligten stolz, diesen Meilenstein in der Besucherorientierung von Kulturinstitutionen umgesetzt zu haben. In ganz Deutschland wurde bislang kein in Größenordnung und Komplexität vergleichbares Projekt umgesetzt. Damit werden den Kulturinstitutionen sowie der Berlin Tourismus Marketing GmbH und der Senatsverwaltung für kulturelle Angelegenheiten in Zukunft Daten mit höchster und abgesicherter Qualität zur Verfügung stehen. Strategische Analysen, externe und interne Kommunikation, Marketingentscheidungen und Kooperationen können zukünftig auf der Grundlage gesicherter Erkenntnisse nicht nur über die Besucher der eigene Einrichtung getroffen werden, sondern auch über die relative Position der eigenen Institution im Vergleich mit dem Durchschnitt aller beteiligten Institutionen oder mit den Daten einzelner Partnerinstitutionen.

Selbstverständlich soll das hier beschriebene Berliner Besuchermonitoringsystem ein Ansporn für einzelne Kulturinstitutionen, Verbünde mehrerer Institutionen oder auch ganze Kommunen sein, eigene Besuchermonitoringsysteme zu entwickeln. Dabei ist zu bedenken, dass das beschriebene System eine gelungene Lösung für einen spezifischen Kontext darstellt und jedes weitere System sorgfältig an die jeweiligen Zielsetzungen und Kontexte anzupassen ist. Die dabei zu berücksichtigenden Kriterien wurden ausführlich beschrieben.

In Berlin hat das Projekt schon vor dem eigentlichen Start des Monitoringsystems eine weitere Kulturinstitution als Teilnehmer gewonnen. Zudem wird der im Rahmen des Besuchermonitorings verwendete Satz von Kernfragen bereits durch noch nicht an dem eigentlichen Monitoring teilnehmenden Kulturinstitutionen im Rahmen individueller Besucherbefragungen verwendet, um eine zumindest teilweise Vergleichbarkeit mit Ergebnissen teilnehmender Institutionen herzustellen. Perspektivisch für das Land Berlin ist eine vollständige Abdeckung aller Berliner Kulturinstitutionen, für die dies als sinnvoll erscheint, mit dem eingeführten Besuchermonitoringsystem in Zukunft denkbar. Gleiches gilt für eine Erweiterung des Systems auf weitere Kulturinstitutionen und Kommunen außerhalb Berlins. Wir wünschen uns, dass das Berliner Beispiel Modellwirkung hat und sich weitere Kulturinstitutionen oder ganze Kommunen angeregt fühlen, sich diesem System anzuschließen. Dies würde bewirken, dass auch ein Vergleich verschiedener in Deutschland verteilter Standorte und eventuell sogar Kommunen möglich wäre – eine neue Stufe der Besucherforschung ist damit in greifbarer Nähe.

Anmerkungen

1 Vgl.: Siebenhaar 2005, S. 29-34; Keuchel 2005; S.51 f.; Glogner/Rhein 2005, S. 432; Hausmann 200, S. 19; Meier 2000, S. 91, 106.
2 Vgl.: Hausmann 2001, S. 19; siehe auch: Berlin Tourismus Marketing GmbH 2007, S. 1.
3 Wenn im Folgenden von Kultureinrichtungen oder Kulturinstitutionen gesprochen wird, sind sowohl öffentlich finanzierte als auch private Anbieter beinhaltet.
4 Vgl.: Plinke 1995, S. 106.
5 Weitere Information zu Querschnitts- und Trendstudien siehe bspw.: Gehring/Weins 2000, S. 22 ff.; Schnell/Hill/Esser 2005, S. 237-248.
6 Vgl.: Plinke 1995, S. 74; Backhaus 1999, S. 176.
7 In der angesprochenen Studie des Zentrums für Audience Development nannten selbst Institutionen, die ein Besuchermonitoring eingeführt hatten, hohe Kosten als kritischen Punkt für die Einführung und Aufrechterhaltung von Besuchermonitoring.
8 Siehe auch: Klein 2003a, S. 48; Klein 2003b, S. 112; Helm/Klar 1997, S. 43.
9 Vgl.: Gehring/Weins 2000, S. 51; Schnell/Hill/Esser 2005, S. 319 ff.; Hausmann 200, S. 165.

10 Vgl.: Klein 2003a, S. 51.
11 Bei diesem System können Interviewer die zu stellenden Fragen von einem Computerbildschirm bspw. auf einem Blackberry ablesen und die Antworten während des Interviews direkt in diesen eingeben (Vgl.: bspw. Atteslander 2006, S. 155 ff.; Schnell/Hill/Esser 2005, S. 376.
12 Vgl.: Gehring/Weins 20002, S. 52 ff.; Schnell/Hill/Esser 20057, S. 319 ff., 353 ff.,358 ff., 385 f.; Hausmann 2001, S. 166.
13 Vgl.: Gehring/Weins 20002, S. 52 ff.; Schnell/Hill/Esser 2005[7], S. 319 ff., 353 ff.,358 ff., 385 f.; Hausmann 2001, S. 166.
14 Der Kriterienkatalog wurde für eine Studie zum Vergleich bestehender Besuchermonitoringsysteme und für die Empfehlung eines Systems für tourismusaffine Kulturinstitutionen in Berlin im Auftrag der Berlin Tourismus Marketing GmbH und der Senatsverwaltung für kulturelle Angelegenheiten in Berlin entwickelt (Vgl.: Zentrum für Audience Development 2007).

Literatur

Atteslander, Peter (200611): *Methoden der empirischen Sozialforschung*, Schmidt Erich Verlag, Berlin.
Backhaus, Klaus (19996): *Industriegütermarketing*, Vahlen, München.
Berlin Tourismus Marketing GmbH (2007): Presse-Information. *Mit Berlins Kulturangeboten mehr Gäste an die Spree locken. Touristische Kulturmarketing-Kampagne der Berlin Tourismus Marketing GmbH (BTM) startet im September*, Berlin, 19.6.2007.
Der große Brockhaus (2007): *Der große Brockhaus in zwei Bänden. Mit großem Karten- und Satellitenbild-Teil. Band 2 KP-Z*. FA Brockhaus, Leipzig.
Gehring, Uwe W./Weins, Cornelia (20002): *Grundkurs Statistik für Politologen*, Westdeutscher Verlag, Wiesbaden.
Hausmann, Andrea (2001): *Besucherorientierung von Museen unter Einsatz des Benchmarking*, Transcript Verlag, Bielefeld.
Helm, Sabrina/Klar, Susanne (1997): *Besucherforschung und Museumspraxis (Schriften des Rheinischen Freilichtmuseums Nr. 57)*, Verlag Dr. C. Müller-Straten, München.
Keuchel, Susanne (2005): *Das Kulturpublikum in seiner gesellschaftlichen Dimension. Ergebnisse empirischer Studien*, in: Mandel, Birgit (Hrsg.): *Kulturvermittlung – zwischen kultureller Bildung und Kulturmarketing. Eine Profession mit Zukunft*, Transcript Verlag, Bielefeld, S. 51-61.

Klein, Armin (2003a): *Besucherbindung im Kulturbetrieb. Ein Handbuch*, Westdeutscher Verlag, Wiesbaden.

Klein, Hans-Joachim (2003b): *Publikums-Barometer. Vom Nutzen kontinuierlicher Besucheranalysen*, in: Noschka-Roos, Annette (Hrsg.): Besucherforschung in Museen. *Instrumentarien zur Verbesserung der Ausstellungskommunikation*, Deutsches Museum, München, S. 110-143.

Kotler, Philip und Bliemel, Friedhelm (2001): *Marketing-Management*, Schäffer-Poeschel Verlag, Stuttgart.

Meier, Anette (2000): *Landesmuseen unter Modernisierungsdruck. Eine Untersuchung zu Vergangenheit und Zukunft traditionsreicher Kulturinstitutionen*, Verlag dissertation.de, Berlin.

Meyers Lexikon Online: Definition: *Monitoring* (Stand 22.8.2007). http://lexikon.meyers.de/ meyers/Monitoring.

Plinke, Wulff (1995): *Grundkonzeption des Marketing*, in: Kleinaltenkamp, Michael/Plinke, Wulff (Hrsg.): *Technischer Vertrieb. Grundlagen*, Springer Verlag, Berlin u.a., S. 97-133.

Schnell, Rainer/Hill, Paul B./Esser, Elke (2005^7): *Methoden der empirischen Sozialforschung*, Oldenbourg Verlag, München/Wien.

Siebenhaar, Klaus (2005^3): *Ewige Kolonialstadt und verspätete Metropole. Entwicklungslinien der Berliner Kulturgeschichte*, in: ders.: (Hrsg.): *Kulturhandbuch Berlin. Geschichte & Gegenwart von A – Z*, B&S Siebenhaar Verlag, Berlin, S. 9-34.

Zentrum für Audience Development (2007): *Besucher-Monitoring an Berliner Kulturinstitutionen und -unternehmen*. Studie und Empfehlung im Auftrag der Berlin Tourismus Marketing GmbH und der Berliner Senatsverwaltung für kulturelle Angelegenheiten (unveröffentliche Studie), Institut für Kultur und Medienmanagement der Freien Universität Berlin.

Eija Liukkonen

Audience Research and Visitor Studies at the Finnish National Gallery

This paper presents the guidelines, methods and results of audience research carried out at the Finnish National Gallery during the last ten years. The approach is applied and practical, though of course grounded in the wider context of scientific research in the field. From the perspective of applied museology, audience research projects can be seen as practical tools of museology that aim to increase information on visitors and visitor experience, in this case especially focusing on art museums.

Audience research can cover a large group of different types of studies from statistical survey-type studies to qualitative research projects on the way individual exhibitions are received and evaluations connected with the planning of exhibitions. Audience research projects are often methodologically flexible and apply multidisciplinary approaches. They touch on areas of both behavioral and social sciences. In content they can communicate in the direction of quality projects and business economics studies of various kind (opinion, attitude and value studies, marketing evaluations, cognitive mappings) or draw on the understanding of museum audiences produced by cultural research. At the Finnish National Gallery the practice of implementing and designing audience research is built on two levels. At the basic level are visitor studies centering on the actual visitors to the museums, and at the other level are comprehensive studies reflecting on the impact and development of museum operations. My paper introduces and examines through case studies the methods and results at both levels.

A brief description of the Finnish National Gallery

The Finnish National Gallery has its roots in the mid 19th century, the time when the Finnish art Society was established. A National Art Collection first managed by the Society was later developed into a museum and governed by a foundation until 1990, when the Finnish National Gallery was establishes. The Organisation has since been operating under the Finnish Ministry of Education. The Finnish National Gallery houses three specialised Art Museums: The Ateneum Art Museum, the Museum of Contemporary Art Kiasma, and the Sinebrychoff Art Museum. They all all operate in their own buildings in the heart of Helsinki, Finland's capital city.

The Finnish National Gallery collections consist of almost 34.000 works of art. The most extensive ones, with more than 20.000 works, belong to the Ateneum Art Museum. Its collection of Finnish art ranges from the 1750s to the 1960s. The collection of international art presents Western art from early 19th century to the 1950s. The Ateneum collections include a great number of works that are counted among Finnish national treasures. The Ateneum building, designed by architect Theodor Höijer and inaugurated in 1887, is both the oldest art museum in Finland and home to the Finnish National Gallery.

Kiasma, designed by the American architect Steven Holl, is the youngest of the Finnish National Gallery museum buildings. Located at the Mannerheim Square opposite the Parliament House, Kiasma became one of our most debated public buildings even before it was completed, but it is also among the nation's favourites. Kiasma was opened to the public in spring 1998. The collections of the Museum of Contemporary Art range from the 1960s to the present day. They show in an interesting way the latest trends in fine arts, such as the decrease in reliance on material objects and the expansion of visual culture. Special emphasis is on Finnish art, and in the international collection on Scandinavian, Baltic, and Russian art. The total number of works is over 8.000.

Sinebrychoff Art Museum operates in a building that was made in 1842 to be the home and factory office of the Sinebrychoff family. It was built in the Empire style and is thought to be the work of architect Jean Wik. The whole building has been thoroughly renovated, and reopened in early 2003. The Sinebrychoff Art Museum houses Finland's most significant collection of paintings by old foreign masters. With over 3.500 works in some twenty different donated collections, it offers an extensive look into European art from the 14th to the early 19th century. The collection of fine and decorative arts that Paul and Fanny Sinebrychoff donated to the Finnish state in 1921 is presented in a separate interior museum on the second floor of the museum building.

The Finnish National Gallery is not just the sum of its three museums. It is a central operative force among Finnish museums, a proponent of all the country's art museums, and the important expert organisation in its field. The Central Art Archives, the Conservation Department, and the Community Relations and Development Department are centres of special expertise within the Finnish National Gallery, producing information, research and development services not only for the organisation itself but for all Finnish art museums, scholars of various fields, and public officials.

The remit of the Community Relations and Development (KEHYS) includes the development of art museums, legal affairs, marketing, and public communications. The purpose of KEHYS is to develop the operations of the Finnish National Gallery and other art museums in Finland, and to promote the community relations and social impact of Finnish art museums. KEHYS creates new operational models and tools to support audience-based museum work. It produces research, reports, publications, and training. KEHYS coordinates visitor studies and separately conducts in-depth audience research and public awareness and image analyses.

General background on audience research

Audience research and visitor studies are terms used to describe research work or projects with the purpose of increasing information and understanding on audiences, visitors and attendance. Basically they answer the questions who has visited a museum/exhibition, why and what happened during the visit?

But what do we know about a typical museum visitor? Many studies describe the visitor along the following lines: „Museum visitors are typically middle-aged people of higher education with good social and economic standing who started visiting museums as children. Visiting museums is for them a meaningful and useful way of spending their pastime and being together with their family or a social group. The visits are regarded as challenging, active participation for new experiences, providing personal satisfaction, joy, enjoyment and opportunities to learn something new about the world and oneself".

According to a national visitor survey by the Finnish Museums Association[1], a majority of the museum visitors are from the age groups 25-44 and 46-64. Over 60 % of the visitors are women. A typical art museum visitor visits museums as a regular pastime or because she/he is interested in the featured topics. On the average 1/3 of the art museum visitors are local residents. Visiting museums provides them with experiences, enjoyment and information. The share of new, first-time visitors is 52 %.

What do we know about the visitor experience?

A central model I refer to in this context is John Falk and Lynn Dierking's theoretic model for describing the museum experience (Interactive Experience Model).[2] Their model contains three dimensions: personal context, social context and physical context, which together form an interactive experience. The personal context is unique for every visitor. Each visitor has her/his own past experiences, knowledge, interests, motives, hopes and expectations that relate to the museum visit. Visitors' past experiences and knowledge on both the museum and the exhibition contents have a decisive effect on what they are interested in, but also on how they experience the exhibition. Different ways of learning and different learning preferences also determine how the visitors can best understand and receive what they experience.

Every visitor is always in some way in social contact with other people when visiting an exhibition or a museum. Many visitors come in the company of friends or families, others come in organized groups or alone, in which case they at least engage in contact with the museum personnel. Even a one and same person can experience the museum in different ways, depending on whether they are in the company of an 80-year-old or a small child. At the physical level, the museum experience is effected by such factors as, for example, accessibility or architecture. The art museum as a physical space has, in fact, often been associated with such references as temple of art, empty space, white cube or a container, even a living room. The visitors' expectations concerning the museum visit can be grouped into three categories: educational, reverential/experiential and social. The expectations relate to the visitors' motives. Visiting exhibitions is often a way for the audiences to learn and interpret codes connected with art. Educational motives are connected to the visitor's competence and educational background. Reverential motives, in turn, connect with a search for immaterial, spiritual satisfaction. The reverential motive has, as observed, become more and more holistic: in the past audiences concentrated on seeing and viewing the works, now they prefer to use all their senses.

The social motive is based on a notion of the art museum as a social space. For visitors exhibitions are places to be with other people. On the other hand, people can build their own identity through a museum visit. The social identification is connected with a shared interest of the visitors in an exhibition and its contents as a common denominator. Visitors can affix the symbolic meanings connected with an exhibition or museum to their own identities. Exhibitions can be genuinely social places for the visitors, places for meeting friends or spending time with the family. On the other hand, they can also serve as places for spending time alone. Social interaction constantly changes form. As the importance of social interaction grows, the visitors need more free, informal space for spending time, relaxing and enjoying themselves, and for sharing their experience with other visitors.[3]

Thus alongside educational, social and reverential motives, we can raise a fourth central element affecting the museum experience: situated motives.[4]

From random visitor surveys to in-depth and qualitative research

The Finnish Museums Association conducted its first national museum visitors survey already in 1984, which was followed by another national survey in 1992.[5] These two surveys awoke in the early 1990s a wider interest in audience research in the Finnish museum field. There are also examples of studies carried out outside the museum field, such as the visitor surveys of the Finnish Science Center Heureka and a number of studies on audiences at various festivals and popular events.[6] Today education in audience research is commonly included in, for example, study programs on cultural production and arts management, or studies in art pedagogy or art education.

Although visitor numbers both in Finland and internationally showed a rather positive trend throughout the 1990s, statistics themselves did not provide sufficient information on the actual visitors.[7] They needed to be accompanied with profiling and a building of information on visitor backgrounds. At the departments of the Finnish National Gallery this first resulted in a series of visitor studies at an exhibition-specific level. The most typical method applied was quantitative questionnaire surveys. The Finnish National Gallery was a forerunner with museum-specific surveys, the first survey-based visitor study was carried out in 1994.

Towards the end of the 1990s the emphasis on qualitative research extended in Finland also to public art organizations. The user-based, qualitative approach stressed the role of visitors as paying customers and determiners of quality.[8] The user-based approach also took root in the museum sector and the measuring of customer and service satisfaction was seen as an effective means to develop operations, and visitor studies were welcomed as tools for carrying out the measuring. Goals were measured with, for example, such indicators as percentage rate of customers' satisfaction with museum visit as a whole, or level of technical or functional quality of certain services.

Examining and comparing visitor numbers and profiles and paying attention to the qualitative perspective naturally require alongside them a more specific and extensive analysis of changes in the operating environment.[9] The whole museum staff should understand the comprehensive, holistic nature of a museum visit. The need to follow up on museum visits and study the visitors' experiences in more depth has also stemmed from inside the organizations, in the art museum field typically as associated with museum pedagogical or art education strategies.

The Finnish National Gallery started to apply qualitative methods in the context of its first so-called in-depth study in 1998. The research design was methodological-theoretical and the data were gathered with two group interviews and concentrating on the first audiences at the Museum of Contemporary Art Kiasma.[10]

In the following years, the research tried out various interview methods (groups and units) and integration of qualitative and quantitative data, and concentrated, not only on museum visitors, but also on the users of museum services, supplementary programs and websites. At the beginning of the 2000s the research has expanded to study, besides the actual visitors, also potential audiences and non-visitors.

This, again, can be supplemented with public awareness and image analyses from the marketing and communication sectors, which are based on nationwide sampling. Audience studies are today part of a wider impact assessment of operations and add to it expressly from the customer-based perspective.[11]

Visitor studies and surveys

- Actual audiences

- Background information on visitors

- Visitor profiles

- Customer satisfaction
- Satisfaction with museum visit on the whole
- Success of communication and marketing

In-depth audience research

- Research of meanings, impressions and expectations on museum visit
- Testing and assessment of new services or products by museum audiences
- Research on lifelong learning in museums
- Comprehensive

- large-sample / quantitative methods
- questionnaire
- comparative

- Qualitative methods
- Segmentation studies
  – regular / occasional / potential / non-visitors
- Evaluation and audience development

In my opinion best practice in the planning and implementation of audience research on museums and other cultural institutions builds on two different levels: visitor studies centering on the actual visitors and the museum visit, and in-depth audience research that reflects on the impact and development of museum operations. At the visitor studies level the research methods, foci and reporting models can be relatively fixed regardless of the exhibition or museum in question.

These types of surveys include, for example, general visitor profiling and measuring of the quality of certain operations or services, and possibly also a categorizing of certain visitor groups by type. They often apply quantitative methods. They offer a perception of the visitors as linked to a certain time and location. Long-term follow-up and comparisons of basic surveys sharpen the perception of attendance and changes it.

At the other level the focus is, in turn, on development of operations and assessment of impact. This research assumes the form of projects or serial studies in which the research problem is defined on a case-to-case basis and it typically applies qualitative methods and data. Compared to general surveys, it provides more comprehensive and focused information on museum audiences and their needs and expectations.

Some methods

- *Language-based methods*
    - Comment books and diaries
    - Feedback forms
    - Sample survey questionnaires/ small-scale and large- scale
    - Interviews and discussions / groups and individuals

- *Observation methods*
    - Systematic and structured observations
    - Photographing / Video
    - Other documentation / recording
    - Follow-ups and calculations
- *Participation methods*
    - Theme groups, juries, community and commitment-building projects
- *Formative testing*
    - Accessibility analyses and evaluations

In basic setting audience research can be grouped into two categories: qualitative and quantitative research. My own impression is that at its best the research can make use of both these orientations to gather reliable information on visitors and different audiences. The Finnish National Gallery has had the opportunity to test and develop over the course of the years audience research projects that are based on a wide range of research methods.

We have used small and large scale sample surveys/questionnaires: printed forms and online versions, gathered data through both individual and group interviews, asked visitors to record their experiences by taking photographs, and tracked their museum visits. Some of the research has been timed to the planning stages of exhibitions, as so-called front-end evaluations, some of it has taken place in formal projects centering on the implementation stage, some has been compiling and conclusive, summative evaluation.

Each research method has however its own limitations. I find that the best results are often reached through their combination. In applied research projects quantitative and qualitative methods can be merged. The important thing is that the research methodology is separately defined according to the specific subject of research, informational interest and, of course, the available resources. Analyzing qualitative data is always a challenging task, especially when the analysis is strongly data-based.

Outline for viewing attendance and audiences

The basic division is set between regular visitors, random visitors and potential audiences. The underlying idea is that the population increases in number towards potential audience and decreases towards regular audience. The number of regular art museum visitors is actually rather small.[12] The random audience falls somewhere in between here, and it is the movement and variation in this relationship that is especially worthy of attention and challenging. A particularly important and interesting visitor group is first-time visitors.

If we examine how the focus is placed in audience research versus visitor studies, in my mind the subject of visitor studies is the actual museum visitor, while in-depth audience research provides a sharper picture also of random and potential audiences, similarly to public awareness and image analyses as they focus on the two larger audience categories.

Through the in-depth research projects at the Finnish National Gallery we have sketched a clearer picture of both non-visitors[13] and regular visitors.[14] Two types can be distinguished among the regular visitors: enforcers and questioners. An art museum visit is expected to provide either safe and sound aesthetic experiences or surprising, new perspectives and challenging material for thought. At the Finnish National Gallery visitors who attend the exhibitions more than five times a year are defined as „active visual arts audience". According to the visitor surveys, their annual share varied between 47-59 % at the Ateneum Art Museum, between 47-51 % at the Museum of Contemporary Art Kiasma, and between 51-67 % at the Sinebrychoff Art Museum.[15]

Future challenges with non-visitors concern, for example, shared social experiences, entertainment value and people's thirst of experience.

Researcher Pasi Koski groups the visitors into four categories by level of commitment: Inner circle for whom the participation takes up almost their entire life circle, including fans and professionals; regulars who are characterized by recurring participation and are a loyal and long-term committed audience; tourists who appreciate the art museum world on the whole and are characterized by positive curiosity and a pursuit of new experiences and remain committed as long as they feel entertained; and strangers, for whom the contact is random and who are characterized by apprehensive loyalty.[16] Based on this grouping, the regular art museum audience consists of inner circle or regular visitors. Strangers and tourists are random or potential audiences.

Practical research work

The museums of the Finnish National Gallery, the Ateneum Art Museum, the Museum of Contemporary Art Kiasma and the Sinebrychoff Art Museum, are each responsible for their own visitor studies. The Community Relations and Development Department KEHYS coordinates these studies and separately conducts in-depth audience research and public awareness and image analyses.

The museums apply a consistent practice in performing the visitor studies. The quantitative questionnaire surveys use a consistent form that includes background information on the visitor, basic information concerning the museum visit, claims regarding obtainment of information, settings and contents, functionality of certain services, etc. Some of the questions also vary with different exhibitions or museums. The form is distributed in Finnish, Swedish and English. The data are gathered annually in each of the museums with two samplings.

The annual goal for answerers is 1.000 at the Ateneum Art Museum and the Museum of Contemporary Art Kiasma, and 500 at the Sinebrychoff Art Museum. These numbers correlate with the museums' visitor numbers. Consistent practice enables the compiling of comparative data both at museum and organization level. Especially interesting comparisons can be made on the development of visitor profiles in the three museums, in terms of, for example, the visitors' age distribution and level of commitment.[17]

Some In-depth audience research

- How to approach non-visitors. Examining Non-attendance in Light of Expert Interviews
- Young Audiences Permitted
- Art Museum in Active Use. Aging women speak of art as a pastime
- Two in-depth audience studies on the ARS 06 exhibition
- „The Art Collections on the Web" user study
- Testing of „Think aloud" method
- Museum visitors' process descriptions

Among the particularly interesting audience research projects are Pauliina Rautio's studies on regular art museum visitors[18] and her serial study centering on the ARS 06 Exhibition[19], which for the first time provided the opportunity to perform both a formative preliminary evaluation, „Impressions of the ARS Exhibition", and a summative, post-evaluation, „ARS 06 As an Experience", in the framework of the same exhibition. The results of the first four studies can be found on the KEHYS website[20], so I will now limit my description to the last three ones.

The aim of the „Collections on the Web" user study by Pauliina Rautio[21] is to bring the audience perspective to the designing of a website linked to a large-scale artwork database, in the context of renewing the „artists and artworks" search site. The study was put to use directly in the preliminary planning and implementation stages. It serves as a good example of how front-end audience research can directly be utilized in the development of a product or service. The data were gathered with group interviews and discussions and through different kind of group work, such as mind maps and usability assessments. In the empirical part of the user study eleven potential users of the collections website of different ages and from different backgrounds were interviewed, in practice so that they were divided into two groups, the younger and the older ones. Both groups stressed as factors of importance that the website is reliable and rewarding, that it provides opportunities to learn and discover new things and that the contents build strongly around personal histories. The new Collections website was opened in May 2007.[22]

The study also inspired wider discussion, spurred by the audiences' apparent wish for strongly personal, human interest information on artists.

Another interesting project centers on the testing the Think Aloud method, which was implemented last year and is now in its finalizing stage. The data were gathered with a Friendly Stranger method, which is related to the Think Aloud approach and is based on usability studies. In the research situation the interviewees express aloud all their impressions and thoughts that cross their mind. The speech is recorded with unnoticeable equipment. The researcher guides the interviewee into the situation but doesn't interfere in any way with the subject's movements or speech. The subject's silence is considered equally important as speech. The researcher moves around with the subject, acts in a supportive and encouraging manner, but keeps quiet. This experiment is inspired by a method created by Canadian researcher Anne Marie Émond.[23] Her classic Friendly Stranger method was modified by bringing in a second researcher who marks on a blueprint the route the studied subjects use and the times they spend in different parts of it. After the actual museum tour, the studied subjects are asked to sum up their experiences in a free-formed interview. The main objective is to study the different phases and impacts of a museum visit. The research report is now being completed and its results will be utilized in a next study.

What next

We are also taking up a research project entitled „Museum Visitor's Process Description". The aim is to model visitors' processes during a museum visit and to identify the critical points at the different stages and links to the museum processes. The model offers the different people involved in the museum's operations a description of the museum visit that can be used in the development of audience-based and customer-friendly products and services. The design has already been outlined in tabular form, the actual model will probably resemble a concept map and assume three-dimensional form. Process description serves a need to make wider use of research data/results and link them with the development of audience relations.

Conclusions

Audience research opens a direct, interactive route to museum audiences. It provides an opportunity to engage in genuine contact with the audience's needs, wishes and opinions. It enhances for its own part democracy and reciprocity in museums: through audience research a faceless museum audience can make its voice heard. It is important for the visitors to know that the museum listens.

An audience-based approach means active and objective awareness of the audience's needs. The essential thing is that the museum places itself in the role of a visitor as it plans its activities and that it focuses on the interaction between people and art, and on experiences. This is based on a perception that the museum organization is not an intrinsic value in itself nor does its actions have any meaning without the audience's experience. Placing emphasis on experiences and the dialogue between art and people is reflected, for example, in topic choices and keeping abreast with the present, observing today's social forms of life.[24] It is vital that museums interface with the worlds and daily lives of the audiences of their time.[25] Museums have to adapt themselves according to people's schedules, personal and social identities and interests.

„Everyone else except the museum workers is a distance away from the museum. Museums either hold a meaning to individuals or not. In fact, museums are rather easy to even avoid or ignore."[26]

Anmerkungen

1 *Finnish Museums Visitor Survey 2002*, Finnish Museum Association.
2 Falk, John H. & Dierking, Lynn D.: *The Museum Experience*, Walesback Books. Washington DC.1992.
3 Dierking, Lynn 1996. *Commentary*. First Science Centre World Congress 1996. Vantaa.
4 John Falk. *Introduction to the Theory of Situated Identity and Its Applications in Zoos, Aquaria and Libraries*. 20th Annual Visitor Studies Association Conference. 17-21 July 2007.Ottawa, Canada.
5 Saresto, Sari: *Museot kävijän silmin. Valtakunnallinen museoiden kävijätutkimus. Suomen museoliitto*. Helsinki 1992.

6 Timo Cantell's studies on, for example, the Helsinki Festival, audiences of modern dance and classical music and urban festivals.
7 The Finnish Museums Association keeps annual statistics of Finland's full-time museums and also compiles statistics on all museums in Finland every five years. The association also prepares reports that supplement the statistics. The largest museums, such as the Helsinki City Art Museum, also conduct their own audience studies. In addition, Statistics Finland publishes a more extensive series, Cultural Statistcs (1977, 1981, 1999, 2001 and 2005) and specific survey reports, e.g. Leisure Surveys.
8 Forsblom, Samu. *Laatufilosofia suomalaisessa taideorganisaatiossa.* Helsinki: Edita 2001. p. 12.
9 Tuomaala, Seija. *Laatu taidemuseotoiminnassa. Valtion taidemuseo* 1997.
10 Pakalén, Mia ja Salomaa, Kari. *Laadullisia näkökulmia Kiasman vastaanoton tutkimukseen.* Handout. Museopedagoginen yksikkö. Valtion taidemuseo 1998.
11 *Museoiden arviointimalli.* Museovirasto 2007.
12 Active audience can be defined according to number of visits. Many studies have termed visitors who visit the museum more than five or six times a year „active audience". However, the share of highly active visitors, with more than six visits a year, is only two percent of the total population and their share hasn't changed to any large extent in recent years. Liikkanen, Mirja . Yleisönä –kodin ulkopuolella ja kotona. In Mirja Liikkanen, Riitta Hanifi and Ulla Hannula (eds.) *Yksilöllisiä valintoja, kulttuurien pysyvyyttä. Vapaa-ajan muutokset 1981-2002.* Tilastokeskus 2005.
13 Karhio, Päivi 2003. *Miten lähestyä käymättömiä? Ei-kävijyyden esitarkastelua asiantuntijahaastattelujen valossa.* Handout.Valtion taidemuseo. 2003.
14 Rautio, Pauliina. Pauliina Rautio: *Taidemuseo vakituisessa käytössä ikääntyvien naisten kertomaa taideharrastuksestaan.* Handout. Taidemuseoala kehittämisyksikkö. Kehys. Valtion taidemuseo. 2005.
15 *Kävijätutkimustilastot 2002-2007.* Valtion taidemuseo.
16 Koski, Pasi Liikunnan. *kansalaistoiminta kulttuurina- toiminnan merkityksellisyys ja merkitysrakenteet.* In Hannu Itkonen, Juha Heikkala, Kalervo Ilmana, Pasi Koski: *Liikunnan kansalaistoiminta – muutokset, merkitykset ja reunaehdot.* Liikuntatieteellisen Seuran julkaisu nro 152. Helsinki 2000.
17 *Kävijätutkimustilastot 2002-2007.* Valtion taidemuseo.
18 http://www.fng.fi/fng/rootnew/en/kehys/pdf/active.pdf
19 http://www.fng.fi/fng/rootnew/en/kehys/pdf/tworesearch.pdf

20 http://www.fng.fi/fng/rootnew/en/kehys/audience.htm.
21 Rautio, Pauliina. *Kokoelmat verkossa – käyttäjätutkimus*. Handout. Taidemuseoalan kehittämisyksikkö Kehys. Valtion taidemuseo 2005.
22 http://collection.fng.fi.
23 Anne-Marie Emond: *A research Methodology: The Silent Listener Approach*. 20th Annual Visitor Studies Association Conference. 17.-21.7.2007. Ottawa, Canada.
Between Talk and Silence: The Friendly Stranger and the Reception of Contemporary Art http://neumann.hec.ca/aimac2005/PDF_Text/Emond_Anne-Marie.pdf
24 Forsblom, Samu. *Laatufilosofia suomalaisessa taideorganisaatiossa*. Helsinki: Edita 2001. p. 85-88.
25 Karhio, Päivi. *Miten lähestyä käymättömiä? Ei-kävijyyden esitarkastelua asiantuntijahaastattelujen valossa*. Handout. Valtion taidemuseo. 2003.
26 Hooper-Greenhill, Eilean (toim.) *The Eductional Role of the Museum*. London: Routledge, London 1999. p. 11.

INGA FRIEDRICHS

... ohne Publikum ist alles nichts
Herausforderungen für ein zeitgemäßes Audience Development

Kulturelles Interesse ist kein selbstverständliches und schon gar kein unbegrenzt verfügbares Gut, sondern eine wertvolle Ressource, um die viele Anbieter kämpfen. Eine zentrale Rolle spielt dabei ein Thema, das nach und nach auch den Kulturbereich erfasst: der demographische Wandel. Die Menschen werden kollektiv älter, durch die Zuwanderung kulturell „bunter" – und trotzdem weniger. Charakteristische Veränderungen sind die voranschreitende Alterung der Gesellschaft mit der allmählichen Umkehr der Alterspyramide, die langfristige Schrumpfung der Bevölkerungszahl, der Zuzug von Ausländern nach Deutschland mit einer Konzentration in städtischen Ballungsräumen sowie der Wegzug insbesondere junger Menschen aus strukturschwachen Regionen, die sogenannte interne Migration.

Es lässt sich nicht mehr wegdiskutieren: Die alternde Gesellschaft stellt für die Kultur eine große Herausforderung dar. Auf der einen Seite bedarf es neuer Bindungsstrategien für ältere Menschen, damit diese sich nicht von ihren vertrauten Institutionen abwenden und weiterhin einen Zugang finden, auf der anderen Seite müssen Programme für die nachkommende Generation geschaffen werden, um diese überhaupt für Kultur zu interessieren. Denn das Problem ist nicht, dass die Älteren kommen, sondern dass die Jüngeren *nicht* kommen. Nicht zu vergessen die stetig wachsende Zahl der Ausländer und Migranten, die, wenn irgendwie, dann nur durch eine gezielte Angebotspolitik in den kulturellen Alltag Deutschlands zu integrieren sind.

Die Anforderungen sind hoch. Gleichwohl ruhen sich nicht wenige deutsche Kulturinstitutionen nach wie vor auf mehr oder weniger großzügigen öffentlichen Zuwendungen aus, konzentrieren sich ausschließlich auf ihr künstlerisches Produkt und verweigern sich einem den jeweils besonderen Umständen angepassten Kulturmarketing. Eine Fokussierung auf den Zuschauer ist dabei allenfalls in

Ansätzen zu beobachten. Gewiss, das Publikum ist nicht alles, aber ohne das Publikum ist alles nichts. Um es mit Roy Schedler zu formulieren: „Der Erfolg jeder Kulturvermittlung steht und fällt mit der Aufmerksamkeit, die ihren Inhalte und Objekten zuteil wird. Diese Aufmerksamkeit will geweckt, unterhalten und gepflegt sein. Ohne ein Minimum an Beachtung fällt jede Form der Kulturvermittlung wie ein Kartenhaus in sich zusammen."[1]

Kunstvermittlung, sagt Schedler zu Recht, sei nicht zuletzt „Aufmerksamkeitsmanagement". Und trotz eklatanter Defizite auf diesem Gebiet haben viele Kulturinstitutionen diesen Sachverhalt inzwischen auch erkannt. Das Publikum, der Besucher wird zunehmend ernst genommen. Das hat eine Studie des Zentrums für Audience Development in Kooperation mit dem Institut für Kultur-Markt-Forschung ergeben. Von Januar bis Juni 2007 wurde eine repräsentative Befragung von öffentlichen deutschen Kulturinstitutionen – Museen, Theater, Opernhäusern, Orchestern – zum Stand der Besucherforschung in Deutschland durchgeführt. Es ging dabei um Verbreitung, Methoden, Akteure, Zufriedenheit und Bedeutung dieses Forschungsfeldes in den jeweiligen Kulturinstitutionen sowie um das Aufzeigen von Verbesserungspotentialen.

Insgesamt 1.000 öffentliche deutsche Kulturinstitutionen wurden mit Hilfe eines digitalen Fragebogens befragt. Mit einem Rücklauf von über 300 Bögen konnten repräsentative Untersuchungsergebnisse erzielt werden. Das Ergebnis zeigt: Besucherforschung findet bei gut jeder zweiten öffentlichen Kulturinstitution Anwendung, genießt einen hohen Stellenwert und wird nach Meinung der Befragten weiterhin an Bedeutung gewinnen. Insgesamt fast 60 Prozent der Anwender sahen aber auch einen Entwicklungsbedarf für Besucherforschung bei öffentlichen deutschen Kulturinstitutionen, denn vielen der Einrichtungen, die Besucherforschung anwenden, fehlen im Anschluss die Ressourcen und die finanziellen Mittel, um die so gewonnenen Erkenntnisse auch gewinnbringend umzusetzen.

Einsichten über das Kulturnutzungsverhalten von jungem Publikum, ebenso von der Generation *55plus*, liegen mittlerweile durch vielfältige Untersuchungen vor. Ganz anders ist die Situation, wenn es um das Thema *Migranten und Kultur* geht. Eine umfassende Recherche des Zentrums für Audience Development hat ergeben, dass die Studien zum Thema Migration im Allgemeinen zwar durchaus vielfältig sind; Untersuchungen jedoch, die insbesondere die Nutzung und Wahrnehmung deutscher Kulturinstitutionen durch Migranten beleuchten, sucht man darunter vergeblich. Nachfragen bei unterschiedlichen, auf dem Gebiet der Migration tätigen Instituten und Fachleuten lassen einen eindeutigen Schluss zu: Die Rezeption des deutschen Kulturangebots durch Migranten ist noch nicht systematisch untersucht. Seien es fehlende finanzielle Ressourcen oder eine andere Schwerpunktsetzung in der Forschung – die Thematik „Migranten als Kulturpublikum/Kulturnutzer" ist bislang unerforscht.

Die wenigen bereits vorhandenen Initiativen und Projekte (z.B. „KlangKulturen" der roc Berlin) werden von der Öffentlichkeit zu wenig wahrgenommen. Aufsätze und die wenigen existierenden Studien zum Thema Migranten in der Kultur beziehen sich vornehmlich auf Migranten als Künstler oder auf die Kulturangebote lokaler heimatsprachlicher Vereine. Aus diesem Grund plant das ZAD eine Studie „Migranten als Publika im öffentlichen Kulturbetrieb in Deutschland", deren Ziel darin besteht, verlässliche und klare Aussagen über das kulturelle Nutzungsverhalten, die Partizipation und das Interesse der in Deutschland am stärksten vertretenen Migrantengruppen zu erhalten.

Um einen Überblick über die Relevanz und Verbreitung von Audience Development in Deutschland zu bekommen, wurden im Rahmen der hier dokumentierten Konferenzmesse u.a. Best Practice-Beispiele vorgestellt, die alle Alters- und Zielgruppen, darunter auch Migranten, beinhalteten. Insgesamt zehn Kulturinstitutionen aus dem deutschsprachigen Raum stellten in einer parallel zu den Vorträgen und Workshops stattfindenden Messe mit multimedialen Präsentationen ihre erfolgreiche Umsetzung von Audience Development-Strategien vor (siehe S. 137-142 in diesem Band).

Aus den Beispielen, die im Rahmen des Workshops diskutiert wurden, sei an dieser Stelle exemplarisch die Neue Bühne Senftenberg herausgehoben, denn dieses Haus ist ein gelungenes Beispiel dafür, dass auch Kultureinrichtungen mit geringen finanziellen Mitteln erfolgreiches Audience Development praktizieren können:

Die Neue Bühne Senftenberg ist ein Provinztheater mit außerordentlich bescheidenem Etat. Doch die Theaterschaffenden opfern Energie und Zeit, um mehr zu bieten, als die schwierigen Voraussetzungen in einer strukturschwachen, vom Braunkohletagebau geprägten Region auf den ersten Blick erwarten lassen. Unter dem Intendanten Sewan Latchinian präsentiert sich die Bühne als erfindungsreiches, progressives, besucherorientiertes und produktives Haus, das ein Ort des Miteinander und der Auseinandersetzung ist. Es gebe, führt er selbst aus, „nur zwei Gründe, warum man als Intendant nach Senftenberg geht. Entweder man will sich zur Ruhe setzen, oder man will etwas bewegen."[2]

Latchinian hat sich für letzteres entschieden und damit für Aufbruchstimmung gesorgt. Entscheidend ist: Das Leitungsteam der Neuen Bühne ist sich seiner Besucherstruktur bewusst und kennt in einer Stadt mit rund 29.000 Einwohnern einen Großteil der Besucher persönlich. Das Theater reagiert gezielt auf die Struktur seiner Stadt und seiner Region und schafft es mit vielfältigen Sonderprogrammen und Zusatzveranstaltungen – und damit der Erweiterung des traditionellen Angebots –, sich den Interessen kulturfernerer Menschen anzunehmen. Dabei bedient sich die Neue Bühne nicht einmal aller wesentlichen Instrumente der Besucherorientierung, was maßgebend an der Intimität der Stadt Senftenberg und der kulturellen Dominanz des Theaters liegt. So werden beispielsweise aufgrund mangelnder Kapazitäten keine regelmäßigen Besucherbefragungen durchgeführt.

Die Neue Bühne Senftenberg besticht dadurch, dass sie unter anderem niedrigschwellige Programme entwickelt, wie „Der Intendant lädt ein" oder das inzwischen schon fast traditionsreiche „Glück-AufFest". Diese ereignisorientierten Formen haben keinen elitären Charakter. Sie spielen mit außergewöhnlichen Rahmenbedingungen, und auch unerfahrene Theatergänger fühlen sich angesprochen und integriert. Die Neue Bühne Senftenberg hat als lokales und regionales Kommunikationszentrum eine tragende Funktion. Theater und Publikum sind in Senftenberg keine sich fremden Parteien, sondern zeigen eine fast eine symbiotische Vereinigung. Unterhaltung und hoher Anspruch schließen sich im Programm der Neuen Bühne nicht aus. „Wir dürfen unser Publikum nicht aus den Augen verlieren", so Latchinian programmatisch, „aber wir dürfen uns auch nicht anpassen, dann würden wir uns wirklich in die Provinz begeben und zwangsläufig darin umkommen."³

Perspektivisch lässt sich festhalten: Je mehr finanzielle Mittel fehlen werden, je mehr das Publikum „veraltet", je mehr Menschen mit Migrationshintergrund in Deutschland leben, je mehr Kunst und Kultur die Aufgabe künstlerischer und ästhetischer Früherziehung übernehmen muss, um so mehr wird die Bedeutung von Audience Development zunehmen. Und das Beispiel Senftenberg zeigt: jede Kulturinstitution kann es schaffen, neue Publikumsschichten zu gewinnen. Durch genaue Beobachtung des Publikums und durch Eingehen auf die strukturellen Bedingungen der Stadt können gezielte Maßnahmen und Aktionen der Kultureinrichtungen wachsende Besucherzahlen generieren.

Anmerkungen

1 Roy Schedler: *Kulturvermittlung ist Aufmerksamkeitsmanagement*, in: *Kulturvermittlung zwischen kultureller Bildung und Kulturmarketing*, Bielefeld 2005, S. 122.
2 Sewan Latchinian zit. nach Mario Kaiser: *Die Schaubühne*, in: *Der Spiegel*, Nr. 21, 22.5.2006, S. 72.
3 Ebd., S. 74.

„Jeder anständige Autor muß auf jeder nur denkbaren Stufe sein Publikum respektieren und darf ihm darum nur das subjektiv Beste vom Besten bicten."

Kurt Tucholsky
(1890-1935)

Best Practice Beispiele des Audience Development – die Teilnehmer der Konferenzmesse

Insgesamt zehn internationale Kulturinstitutionen aus den Sparten Kunst, Musik, Tanz und Theater präsentierten auf der Konferenzmesse ihre Projekte für unterschiedliche Zielgruppen. Nachfolgend stellen sich die Einrichtungen selbst vor.

brunnen.passage – Integration und Kunst für alle!

Die brunnen.passage ermöglicht Menschen am Brunnenmarkt in Wien einen niederschwelligen Zugang zur zeitgenössische Kunst und Kultur. Die Veranstaltungs-, Proben und Büroräume befinden sich in einer ehemaligen Markthalle. Es begegnen sich hier Menschen der unterschiedlichsten Bevölkerungsgruppen, um unter der Leitung professioneller Künstler gemeinsam zu proben, zu produzieren, aufzuführen und die Aufführungen, Ausstellungen, Veranstaltungen anderer zu besuchen. Teilnehmer sind Österreicher und Ausländer, Migranten, Menschen mit unterschiedlicher Religionszugehörigkeit, Asylwerber, Akademiker, Nicht-Akademiker, Jung und Alt, Männer, Frauen und Kinder. In den verschieden Bereichen (Tanz, Theater, Musik und bildende Kunst) bestehen jeweils vier verschiedenen Veranstaltungsschienen:
- Ein niedrigsschwelliges Angebot, an dem jeder und jede voraussetzungslos und ohne längerfristige Verpflichtung teilnehmen kann.
- Intensive Projekte, an denen die Teilnehmenden für einen begrenzten Zeitraum teilnehmen.
- Ein Gruppe, in der die Teilnehmenden kontinuierlich arbeiten.
- Veranstaltungen, Aufführungen, Konzerte, die bei freiem Eintritt für alle zugänglich sind.

Jüdisches Museum Berlin – „on.tour – Das JMB macht Schule"

Mit der Bildungskampagne „on.tour – Das JMB macht Schule" möchte das Jüdische Museum Berlin noch mehr Jugendliche erreichen. Ziel der Bildungskampagne ist es, bei den Jugendlichen das Interesse und die Begeisterung für deutsch-jüdische Geschichte zu wecken und die Fähigkeit zu vorurteilsfreiem und kritischem Denken zu stärken. Das „JMB on tour" besucht mit einem Bus weiterführende Schulen im gesamten Bundesgebiet. Auf dem Schulhof und in den Klassenzimmern können Schülerinnen und Schüler in einer mobilen Ausstellung und einem Workshop ihre Kenntnisse zur deutsch-jüdischen Geschichte vertiefen. Die beiden Programmmodule sind für die jeweiligen Anforderungen an den unterschiedlichen Schulen flexibel einsetzbar. Die mobile Ausstellung mit robusten und für die Schüler attraktiv gestalteten Ausstellungselementen zeigt ausgewählte Objekte, die einen Einblick in deutsch-jüdische Geschichte und jüdische Lebenswelt geben. In dem Workshop zu jüdischer Kindheit und Jugend nach 1945 „So einfach war das" erarbeiten die Schüler in Gruppenarbeit mit Hilfe von iPods und Arbeitsbögen anhand verschiedener biographischer Quellen deutsch-jüdische Geschichte.

Jugend im Museum e.V. – „Atelier Bunter Jakob"

Seit der Neueröffnung der Berlinischen Galerie im Herbst 2004 arbeitet der Verein Jugend im Museum (1972 von Mitarbeitern der Staatlichen Museen Berlin und interessierten Eltern gegründet) im „Atelier Bunter Jakob" eng mit Kindern, Künstlern und Museumsleuten zusammen. Die praktische Arbeit wird im „Bunten Jakob" groß geschrieben. So wird gezeichnet, gedruckt, gemalt, collagiert, gefilmt und fotografiert. Und dabei geht es immer um die gemeinsame Suche nach zeitgemäßen und lebensnahen Antworten auf die Fragen: „Was ist Kunst?" „Was kann Kunst?" und „Was macht die Kunst im Museum (so heilig)?" Ausgedehnte Ausstellungsbesuche sind Teil aller Programme. Das „Atelier Bunter Jakob" bietet ganzjährig eine bunte Programmpalette: Schulklassenprogramme, Familiensonntage, nachbarschaftliches Kunstbuffet, Ferienprojekte, Offenes Atelier, Kurse und Fortbildungen. 2006 startete Jugend im Museum e.V. mit dem „KunstLabor" ein mobiles, raumbezogenes Kunstvermittlungsprogramm für Berliner Grund- und Oberschüler. Im Berliner „Kiez-Universum" erkunden Kinder und Künstler Zusammenhänge zwischen der Kunst und eigenen gesellschaftlichen und kulturellen Bedingungen. Die gefundenen Perspektiven werden danach praktisch in einer raumbezogenen, prozess- und teamorientierten Gemeinschaftsarbeit umgesetzt.

Rundfunk Orchester und Chöre GmbH Berlin und Konservatorium für Türkische Musik – Klangreise zwischen Orient und Okzident

Die Rundfunk Orchester und Chöre GmbH Berlin – seit 1994 die Dachorganisation der vier großen Berliner Klangkörper Deutsches Symphonie-Orchester Berlin (DSO), Rundfunk-Sinfonieorchester Berlin (RSB), Rundfunkchor Berlin und RIAS Kammerchor – hat gemeinsam mit dem Konservatorium für Türkische Musik die deutschlandweit einzigartige Konzertreihe „KlangKulturen" initiiert. Mit dieser Veranstaltungsreihe hat die roc berlin den aktiven Austausch zwischen Musikern und Musikliebhabern unterschiedlicher Kulturen gefördert. Das Ziel war es, eine breite Öffentlichkeit zu erreichen und das große musikalische Spektrum zu zeigen, das die Musik verschiedener Kulturen bietet. Die Konzerte der Reihe zeigten, wie nah sich unterschiedliche Kulturen musikalisch stehen und gaben damit Gelegenheit zu Hörerlebnissen verschiedenster Art.

Die Kinderoper Köln in der Yakult Halle

Seit über zehn Jahren besteht die Kinderoper Köln in der Yakult Halle. Sie eröffnete ihren Spielbetrieb im Oktober 1996 mit Strawinskys „Die Nachtigall" als weltweit erstes Opernhaus eigens für Kinder. Der Zeltbau mit kleiner Bühne und 130 Sitzplätzen wurde seinerzeit mit Unterstützung der Firma Yakult in das obere Foyer des Opernhauses integriert. Die rund 80 bis 100 Vorstellungen pro Spielzeit sind fast immer ausverkauft. Zudem ist die Yakult Halle als ausgefallener Raum für Sonderveranstaltungen beliebt, beispielsweise zeichnete das ZDF dort regelmäßig die Sendung „Lesen!" mit Elke Heidenreich auf. Erklärtes Ziel der Kinderoper ist es, auch dem jüngsten Publikum während der gesamten Spielzeit ein abwechslungsreiches Repertoire von Opern anzubieten, die das Genre in all seinen Facetten zeigen. Der Schwerpunkt liegt dabei auf kurzen Opern des 20. und 21. Jahrhunderts. Unter professionellen Rahmenbedingungen werden die kurzen Werke von Sängerinnen und Sängern des Ensembles und des Opernstudios sowie von Musikern des Gürzenich-Orchesters aufgeführt. Inzwischen besitzt die Kinderoper ein Repertoire von über 20 Stücken.

Kulturamt Landeshauptstadt Düsseldorf und Vodafone Stiftung Deutschland – DÜSSELDORF IST ARTIG

Was Jugendliche an Kunst und Kultur interessiert, wissen Jugendliche selbst am besten. Das haben sich das Kulturamt Düsseldorf und die Vodafone Stiftung Deutschland zum Leitsatz gemacht und veranstalteten 2004 mit DÜSSELDORF IST ARTIG erstmals einen Ideenwettbewerb, der die Kreativität von Jugendlichen in den Mittelpunkt stellte. DÜSSELDORF IST ARTIG ist ein Angebot, Jugendliche bei der Entwicklung ihrer eigenen kreativen Ideen und Ausdrucksmöglichkeiten zu unterstützen und ihnen ein öffentliches Forum zu bieten. DÜSSELDORF IST ARTIG ist ein offener, kreativer Ideenwettbewerb für Jugendliche von 15 bis 23 Jahren. Jeder, der eine Idee hat, kann sich bewerben. Künstlerische Freiheit und Experiment sind ausdrücklich gewünscht. Die besten Ideen werden nicht prämiert, sondern mit künstlerischer und sonstiger Unterstützung realisiert und präsentiert. Kern des Projektes ist die viermonatige Realisationsphase, in der die Umsetzung der Ideen mit professioneller Unterstützung der künstlerischen MentorInnen im Mittelpunkt steht. Die Aufgabe der künstlerischen MentorInnen ist es, die Jugendlichen bei der Umsetzung ihrer Ideen zu unterstützen – bis zur Präsentationsreife. Die intensive Begleitung und Betreuung des Projektes durch das ARTig-Team und die gleichberechtigte Beteiligung von Jugendlichen an der ARTig-Jury machen aus DÜSSELDORF IST ARTIG ein Projekt von Jugendlichen für Jugendliche.

Pinakothek der Moderne – PINK

PINK ist eine Einladung, die Pinakothek der Moderne in München kennenzulernen. Das Kunstvermittlungsprogramm richtet sich an Besuchergruppen, die bislang wenig Zugang zum Museum hatten. Seit Oktober 2003 bietet PINK Kunstgespräche und Workshops für Jugendliche aus sozialen Brennpunkten, Blinde und Sehbehinderte, Gehörlose, Gruppen aus Pflegeeinrichtungen, sowie Frauenhäusern und anderen Hilfsnetzwerken. Die thematischen Angebote wurden in enger Zusammenarbeit mit den einzelnen Besuchergruppen entwickelt. Die unterschiedlichen Formate und Schwerpunkte orientieren sich an den Interessen und dem besonderen Bedarf der jeweiligen Gruppe. PINK wurde durch die Philip Morris GmbH | Kunstförderung initiiert und ermöglicht.

JugendKunst- und Kulturzentrum Schlesische 27

„Optimale Förderung durch Kunst" ist die Leitlinie der Arbeit der Schlesischen 27: Jeder Mensch ist fähig zu gestalten, wer gestaltet, gewinnt Identität und Selbstvertrauen – die Grundlagen für Leistung, Toleranz, Engagement und Teamfähigkeit. 2000 Kinder, Jugendliche und junge Erwachsene werden durchschnittlich pro Jahr in den Projekten der Schlesischen 27 aktiv. Sie bringen mit Hilfe der Kunst eigene Anliegen und gesellschaftliche Fragen zur Sprache und setzen damit aktiv in ihrem Lebensumfeld Zeichen. Der Schwerpunkt der teilnehmenden Kinder, Jugendlichen und jungen Erwachsenen kommt aus sozialen Brennpunkten Berlins und aus unterschiedlichen kulturellen Umfeldern. Letzteres gilt auch für die professionellen Künstler, die mit ihnen die Projekte realisieren. 130 Projekte finden durchschnittlich pro Jahr statt. Die Projektformen sind in Art und Dauer vielfältig: Schulprojekte, Freizeit- und Ferienprojekte, Internationale Begegnungen, Großprojekte, Sonderprojekte und Projekte des wirtschaftlichen Geschäftsbetriebes. Manche Projekte laufen über ein ganzes Jahr, andere nur eine Woche. Ebenso vielfältig sind die künstlerischen Ausdrucksformen: Literatur, Malerei, Bildhauerei, Theater, Tanz, Musik, Film, Foto und bald auch digitale Medienkunst. Alle Projekte haben ein Thema, werden mit verschiedenen künstlerischen Ausdrucksformen bearbeitet und enden mit einer öffentlichen Präsentation.

Staatstheater am Gärtnerplatz München – „einGeladen"

Mit dem Intendanzwechsel zur Spielzeit 2007/08 erhielt das Staatstheater am Gärtnerplatz durch den neuen Intendanten Dr. Ulrich Peters ein neues, geschärftes Profil, das vom unmittelbaren Dialog mit dem Publikum bestimmt ist. Ein bewusst vielfältiger Spielplan mit einem farbigen Spektrum musikalischen Theaters richtet sich direkt an die Menschen Münchens und seine Besucher. Das Opernrepertoire umfasst eine Bandbreite von der Barockoper bis zur Oper des 20. Jahrhunderts. Besonderen Stellenwert hat die deutsche, aber auch die französische und italienische Spieloper. Immer wieder liegt dabei ein Augenmerk auf selten, mitunter in München noch nie gespielten Werken. Operette und Musical haben als Elemente leichter und dennoch ernstgenommener Unterhaltung einen festen Platz im Spielplan. Hier stehen außerdem beliebte und etablierte neben unbekannteren und neuen Werken. Fester Bestandteil zahlreicher Inszenierungen des Musiktheaterrepertoires ist die Tanzkompagnie des Hauses, das in mehrere reinen Tanz-Produktionen pro Spielzeit auch seine eigene künstlerische Arbeit zeigt. Bezeichnend für die Arbeit des Staatstheaters am Gärtnerplatz ist insbesondere auch das hohe Engagement des Theaters im Kinder- und Jugendbereich. Jährlich zur Weihnachtszeit entsteht eine Inszenierung eigens für das jüngste Publikum, um so Musik- und Tanztheater für Kinder sinnlich greifbar zu machen. Ein eigener Jugendtheaterclub, sowie zahlreiche an Lehrer wie Kinder gerichtete theaterpädagogische Aktivitäten ergänzen das Programm.

Theater an der Parkaue -Kinder- und Jugendtheater des Landes Berlin

Deutschlands größtes Kinder- und Jugendtheater und einziges Staatstheater für diese Zielgruppe erzählt täglich auf drei Bühnen vom Menschen, seinen Träumen und seinen Visionen und reist mit seinen jungen Zuschauern durch die Welt der Geschichten. Mit einem festen Repertoire von insgesamt über 35 Stücken und bis zu 15 Premieren pro Spielzeit bietet das Theater an der Parkaue Zuschauern aller Altersklassen eine große ästhetische und inhaltliche Bandbreite. Es ist ein Schau- und Erkundungsplatz der darstellenden Künste für Kinder und Jugendliche. Klassiker wie neue Stoffe werden spielerisch erkundet – vom Sprechtheater über die Performance-Kunst bis hin zum Tanz. Durch das reichhaltige Angebot an Spiel- und Erzählweisen werden die unterschiedlichen Lebensrealitäten der jungen Zuschauer aufgegriffen und Räume für die aktive Beteiligung an der Kunstform Theater geschaffen. Ziel ist es, eine Alphabetisierung mit der Kunstform Theater und dem Theaterbetrieb anzubieten und zu ermöglichen. Den breit gefächerten theaterpädagogischen Angeboten des Theaters an der Parkaue liegt die Überzeugung zugrunde, dass das eigene spielerische und tänzerische Ausprobieren für das Erleben von Theater sehr entscheidend ist. Neben der produktionsbegleitenden und den Schulunterricht unterstützenden Arbeit, werden die jungen Besucher zu regelmäßig stattfindenden Projekten – etwa der WINTERAKADEMIE, den THEATERCLUBS oder der Reihe MEILEN & MEER Feste der Welt – eingeladen, um das Theater für sich zu entdecken, seine Möglichkeiten zu erforschen und die eigene Lebenswelt aktiv mit einzubringen.

Zu den Autoren

Vera Allmanritter, Mitarbeiterin am Zentrum für Audience Development (ZAD) des Instituts für Kultur- und Medienmanagement, Freie Universität Berlin.

Inga Friedrichs war nach ihrem Studium am Institut für Kultur- und Medienmanagement bis 2008 Koordinatorin am ZAD.

Ulrike Gießner-Bogner leitet den Bereich „Kulturvermittlung" von KulturKontakt Austria in Wien.

Eija Liukkonen ist Leiterin des Bereichs Besucherprogramme an der Finnish National Gallery, Helsinki.

Prof. Dr. Birgit Mandel leitet den Studienbereich Kulturmanagement und Kulturvermittlung am Institut für Kulturpolitik der Stiftung Universität Hildesheim.

Barbara Meyer ist Leiterin des Geschäftsbereichs Kulturelle Bildung bei der landeseigenen Kulturprojekte Berlin GmbH.

Achim Müller ist selbständiger Kulturmanager (Kultur: Projekte) und assoziiertes Mitglied des ZAD.

Dr. Thomas Schmidt-Ott ist **Musikmanager (Soko)** und stellvertretender Direktor ZAD.

Prof. Dr. Klaus Siebenhaar ist Direktor des Instituts für Kultur- und Medienmanagement und Leiter des ZAD der Freien Universität Berlin.

Heike Stuckert leitet das Kinder- und Jugendprogramm der Bayerischen Staatsoper in München.

Prof. Donna Walker-Kuhne ist Geschäftsführerin der Walker International Communications Group, New York.

„Man kann dem Publikum keine größere Achtung bezeigen, als indem man es nicht wie Pöbel behandelt."

Johann Wolfgang von Goethe
(1749-1832)